從常識到智慧

生活8x5

life

生命・生活・生涯

精神・活力・新生

發現生命的價值　肯定生命的可貴

國家圖書館出版品預行編目資料

從常識到智慧：生活8x5／鈕則誠著.－－初版一刷.－
－臺北市：三民，2009
面；　公分.－－(LIFE系列)

ISBN 978-957-14-5138-1　(平裝)

1.人生哲學 2.生活態度 3.修身

191.9　　97023653

© 從常識到智慧
——生活8x5

著作人　鈕則誠
企劃編輯　黃麗瑾
責任編輯　黃麗瑾
美術設計　陳健茹
校對　王良郁

發行人　劉振強
著作財產權人　三民書局股份有限公司
發行所　三民書局股份有限公司
地址　臺北市復興北路386號
電話　(02)25006600
郵撥帳號　0009998-5
門市部　(復北店)臺北市復興北路386號
(重南店)臺北市重慶南路一段61號

出版日期　初版一刷　2009年1月
編號　S 541340
行政院新聞局登記證局版臺業字第〇二〇〇號

ISBN　978-957-14-5138-1　(平裝)

http://www.sanmin.com.tw　三民網路書店

叢書出版緣起

現代人處在緊張、繁忙的生活步調中，在承受過度心理壓力而不自知的情況下，逐漸形成生理與心理疾病，例如憂鬱、躁鬱、失眠等，這種種的問題，不僅呈現在個人的身心層面，更可能演變成為家庭破碎的悲劇，甚至耗費莫大的社會成本。我們從近年來發生的自殺、家暴、卡債族、失業問題等種種新聞中，不難發現問題的嚴重性，這些可能正發生在你我身邊的真實生命故事，也讓許多人不禁發出「我們的社會究竟怎麼了」的喟嘆！

面對著一個個受苦而無助的靈魂，我們能夠為他們做些什麼？而身為對社會具有責任的文化出版者，我們又能為社會做些什麼？這一連串的觀察與思考，促使我們更深刻地反省，並澄清我們的意念，釐清我們想帶給社會一些什麼樣的東西，讓臺灣的社會，朝向一個更美好、更有希望，及更理想的未來。以此為基礎，我們企畫了【LIFE】系列叢書，邀集在心理學、醫學、輔導、教育、社工等各領域中學有專精的專家學者，共同為社會盡一分心力，提供社會大眾以更嶄新的眼光、更深層的思考，重新認識自己並關懷他人，進而發現生命的價值，肯定生命的可貴。

要解決問題，必須先面對問題、瞭解問題，更要能超越問題。從這個角度出發，【LIFE】系列叢書透過「預防性」與「治療性」兩種角度，對現代人所遭遇的心理與現實困境，提出最專業的協助，給予最真心的支持。跳脫一般市面上的心理勵志書籍、或一般讀物所宣稱「神奇」、「速成」的效用，本叢書重視知識的可信度與嚴謹性，並強調文字的易讀性與親切感，除了使讀者獲得正確的知識，更期待能轉化知識為正向、積極的生活行動力。

值得一提的是，參與寫作的每位學者，不僅在學界與實務界學有專精，最令人感動的是，在邀稿過程中，他們與三民同樣抱持著對人類社會的理想與熱情，不計較稿酬的多少，願對人們的身心安頓進行關照，共同發心為臺灣社會來打拼。我們深切地期望三民【LIFE】系列叢書，能成為現代人的心靈良伴，讓我們透過閱讀，擁有更健康、更美好的人生。

三民書局編輯部　謹識

自　序：常識即生活

生活中的點點滴滴，有苦也有樂。我覺得「人生不如意者十之八九」的說法太誇張；但是根據常識與經驗判斷，十之四五或五六應該不離譜。如意不如意任憑主觀認定，有人苦中作樂，有人逆來順受，也有人舉家尋短。我雖然相信「留得青山在，不怕沒柴燒」，卻也承認確實可能會走投無路。不過在一般情況下，人們總是有心意也有能力趨吉避凶、離苦得樂；問題在於如何趨與避，又怎樣離與得。

生活縱使不算件難事，仍然得講究法度，對此我主張內外兼顧。內斂繫於一念之間，「此念是煩惱，轉念即菩提」；外鑠則循著「常識、知識、智慧」一系進路，化危機為轉機，使得生活步履能夠循序漸進、更上層樓、止於至善。我們這代「四年級生」的啟蒙教育有三門課：國語、算術、常識。當年的「常識」課就是現在小朋友上的「生活」課；「常識即生活」，所以我提倡由常識的觀點，展開對生活的反思及聯想。

大家將生活常識跟各自學到的專門知識融會貫通，人的存在智慧就會在不遠處出現迎接我們。現代生活中有什麼值得一提的常識？我發現「口頭禪」是很理想的現成素材。所謂「口頭禪」，就是大家琅琅上口、人人對它都有一套自己看法的日常概念；尤其透過數目字來表達，更為民眾所熟知。像儒家實踐的「五倫」、佛家探討的「五蘊」等，皆有其常識性的解釋。常識歸常識，但不一定沒有程度。其實常識不同於知識的最大好處，乃是它並非學者的專利，而是每個人都可以站出來就其發表意見。

本書正是我的常識之見，它不必莫測高深，有的只是深入淺出、淺顯易懂的思緒引申。這是我作為哲學邊緣人的生活故事之書寫，目的並非建構哲學知識體系，但確實在為安頓人生而著書立說，希望讓讀者朋友形成認同或是批評的意見，進一步促進每個人的生活反思與實踐。

生活並非一帆風順、水到渠成的動靜，而是起伏不定、柳暗花明的風景。常識越豐富的人，對於判斷事理的參考架構就越龐大；不過常識的確容易出錯，這時便需要知識來校正。如今各級學校教的功課，正是從常識走向知識的途徑；由小學一年級的生活常識課，學習到博士班的尖端專門知識，一個人所見日小，但卻益發專精。為了怕大學生所學太過於「專」和「鑽」，於是有了通識教育課程作為調劑。

我擔任專兼任教職超過四分之一個世紀，學生涵蓋高職生到博士生，自認全部在於對之施以通識教育。理由無他，希望達到潛移默化的理想，使同學能夠反身而誠，作出人生中最適當的存在抉擇。本書即依此理想而寫，如果要給它一個課名，就當作是柔性的「生活哲思」吧！哲學乃是「愛好智慧」的學問，我把人生視為哲學的課題，自常識面契入，希望讀者喜歡它。

鈕則誠

二〇〇九年一月于臺北

從常識到智慧——生活8×5

目次

自序：常識即生活

1 生活的感受

「眼、耳、鼻、舌、身」代表我們因應日常生活的五種基本官能，它們發動「色、聲、香、味、觸」五類直接感受，再交織成生活裡面各種印象和經驗。

眼・3
耳・8
鼻・13
舌・18
身・23

2 生活的領略

人們用七情六欲五蘊勾勒生活的大概；「五蘊」指「色、受、想、行、識」，在情欲流轉之外，「五蘊」歸納出日常生活的一切範圍，構成我們對於生活的領略。

色・31
受・36
想・41
行・46
識・51

3 生活的執著

「貪、瞋、癡、慢、疑」，佛家稱為「五鈍使」或「五惑」；它們包括貪心、生氣、癡迷、驕傲、猜忌等，這是人人都會犯的毛病，值得進一步推敲。

4 生活的沉淪

五戒要求不殺生、不偷盜、不邪淫、不妄語、不飲酒，固然衝著人生的陰暗面而發，不過現今社會對各種行徑的解讀，由於脈絡的複雜性，似乎難以一概而論。

5 生活的規範

生活規範可以擷取體現人類「惻隱之心、羞惡之心、辭讓之心、是非之心」的「仁、義、禮、智」四端之說、再加上同樣重要的「誠信」，構成人們知所行止的依歸。

6 生活的態度

「溫、良、恭、儉、讓」是道德崇高的五種態度；「溫」表守成不進取、「良」表自然不矯情、「恭」表踏實不浮泛、「儉」表簡約不虛華、「讓」表退隱不出頭。

7 生活的關係

「生活的關係」指向人倫關係，可以分為「五倫」，以推行「五教」，此即「君臣有義、父子有親、夫婦有別、兄弟有序、朋友有信」的道理。

8 生活的開展

我主張推陳出新，實踐「五目」：「修身、齊家、合群、治國、入世」；「合群」指「關懷社會、服務社區」，「入世」則通過「擁抱全球、走入世界」以「平天下」。

生活的感受

「眼、耳、鼻、舌、身」代表我們因應日常生活的五種基本官能，它們發動「色、聲、香、味、觸」五類直接感受，再交織成生活裡面各種印象和經驗。

眼

「眼、耳、鼻、舌、身」是各個物種在形體上共同擁有的五種官能，佛家稱作「五根」或「五識」，跟它們相呼應的，則為「色、聲、香、味、觸」等「五境」或「五欲」；人們平日過生活的種種感受，大致依此而發。

與其說我在此宣講佛家思想觀念，不如把佛家看成亦是從常識出發在思考問題；拿佛家及儒家的「話頭」當引子，正是我鋪陳自己常識之見的「方便法門」。我是如何知道這些觀念的？當然有部分為道聽塗說，不過大多通過讀書而來。盲人必須點字觸讀，我則像許多人一樣經由肉眼閱讀。然而讀書雖然由眼攝入，卻需要有心為之，否則容易視而不見。

每當研究生告訴我，他還在為準備論文努力讀書時，我就勸他先動筆起草，邊寫邊讀、邊讀邊寫，寫不好可以改；否則老在東讀西讀，卻不知道重點在哪兒，等於是白讀。一旦用眼就必須費心，如此才算真正「看見」。

說到閱讀，小時候老師規定我們要讀《國語日報》，還得在旁邊寫註腳和心得，如此自然養成讀報習慣。出社會後有三年到雜誌社當記者，更養成我早晨固定會瀏覽六種報紙的習慣。如今人們多半無暇閱報，改由電視記者在晨間新聞中代為宣讀頭版標題，只能說聊備一格、聊勝於無。

有一段時間我在專科學校任教，自願去教五專一年級的「公民」課，希望對孩子們潛移默化；沒想到他們的課外讀物卻是《蘋果日報》、《壹週刊》以及漫畫書。這些都屬於訴諸圖象而非文字的「眼觀」材料，吸收容易解讀難。

其實電視的性質也是一樣，信息源源不絕地流入我們的眼界，卻不易觸動心聲；人們不是被煽動得激情狂熱，就是被消磨得冷漠無情，唯一缺乏的則是深思熟慮、同情共感。傳播學者稱這種來得快、去得快的影像流轉為「冷的媒體」，它缺乏人心的熱情參與，以致稍縱即逝。

我自軍中退伍下來，先在風花雪月的電視臺工作，編些軟調雜誌，卻因為覺得生活裡一片鏡花水月總成空而離開，選擇走入書堆讀博士學位，從而教書至今。如今閱讀、觀想、教學、寫作成為我的生活重心，我仍在不斷眼觀四面。其實觀四面還不夠，應該是觀六面，包括前後左右和上下。

「上下四方之謂宇，古往今來之謂宙」，宇宙便是我們身處的天地時空。《易經》稱「天、人、地」為「三才」；人既然無所逃於天地之間，就應該學會如何頂天立地。不過一個人即使有心頂天立地，倘若缺乏宏觀的視野，還是會像井底之蛙一般，成就不了大器、發揮不出大氣。

如此說來，現代人活得其實很辛苦；因為要學的東西太多了，一不留神就有可能被時代與社會所淘汰，所以坊間都在講「終身學習」。其實終身學習的重點乃是自我教育，只要有心，隨時可以進行。

大家都說眼睛是「靈魂之窗」，由此可見，觀看行為必須接受心靈的指點，方能有所得。至於有人相信「眼見為信」，也有人認為「眼不見為淨」，這些都是過與不及的想法。眼睛看見的往往只是第一印象，必須配合其他感官的協調聯繫，再加上心靈的主導作用，始能全盤把握。

近年我持續在學校裡及社會上推廣生命教育，以尊重、愛護、欣賞各種物種的生命教育，相當強調體驗活動的重要。記得有回在一所國中引領老師們進行體驗活動，一是用肉眼去分辨放在不遠處的盆花究竟是真是假，另一則是矇上雙眼用其他感官去從事各種動作。前者是要大家注意體會植物的「生氣」，後者則希望能學習設身處地想像失去視力的人之處境。

大多數人都擁有健全的視力，作為一個「正常人」，許多事容易想當然爾。當然我們要慶幸自己具備一雙銳利的眼睛，但是世界並非光用看的；人生還是必須穿透感官限制，始能達於心領神會的境界。

一般情況下，眼睛存在的目的，還是為了觀看；如果不需要觀看，是否就用不著眼睛呢？答案似乎是肯定的。據說有一種生長在撒哈拉沙漠中的鼠輩，壽命不長，又整日生活於地洞中，一輩子不見天日；擁有眼睛除了會進砂子外，完全是多餘，因此器官逐漸退化，竟然成為無眼生物。至於大近視動物蝙蝠，靠聽覺而非視覺來飛行，也是生命適應環境的例證。

而這些都是善用眼睛的人類，很少體驗到且很難想像到的事情。

有人說男人天生好色，女人則不然；但是女人對男人的毛病有所體認，因此會主動「為悅己者容」。關於男人好色這一點，有實驗佐證。美國心理學家讓男女受試者看快速放映的幻燈片，其速度已達到視而不見的地步，然而只要圖片中出現女體，男性受試者的瞳孔卻會不自覺地放大；類似情況在女性受試者身上，卻無顯著反應。

男人不但好色，更喜歡引用「食色，性也」之說，來將自己的行為合理化。此話並非孔子所言，而是來自主張人性非善非惡的告子。其中的「色」字亦非純指女色，乃係最大範圍的「欣賞美好事物」，亦即「好好色」，這其實滿合乎人性的。

言歸正傳，眼睛存在的目的，並非讓我們「目迷五色」，而是希望大家修養到「萬物靜觀皆自得」的境界。我們每日舉目所見，難免視覺汙染。如何撥雲見日、海闊天空？但憑方寸之間的反身而誠了。

耳

我開車時喜歡聽廣播音樂節目，廣播節目永遠是新鮮而被期待的；有時收音機緩緩流洩出一段熟悉的曲調，整個車子裡便充滿了生氣。當然開車上路聽廣播，還是出於想知道路況。現代人的生活充滿了不確定，連每天行經的路程，都不知道會發生什麼事；要緊的是不能耽誤上班和工作，焦慮的心情由此可見。

耳朵長在腦袋瓜子兩邊，自然不只是拿來聽音樂消遣的，更重要的為平衡身心所用。如今媒體界講究「平衡報導」，以維護閱聽人「知的權利」，免於被一偏之見解與說法所誤導。不過在現實生活中，凡事多方探聽，再加以深思熟慮，莫要盡信流言耳語及道聽塗說，無疑是處在現代社會中自我保重的基本修養。

人類天生兩隻耳朵，左右各一，就是希望我們在人生旅途上盡量維持思緒的平衡和諧，擇中道而行，無過與不及。但是有時候一個人要想維持平衡卻不可得，那便是置身舟船、飄洋過海之際。

我所服務的學校在馬祖開班，教師輪流前往授課，單向飛行時間只消四十多分鐘，輕鬆愉快。但是有回上完課發現飛機遇霧整天停航，只好多待一夜。次日情況未見改善，前一天上不了飛機的五百人只好改搭輪船，花八個小時橫渡黑水溝。由於碰上颱風逼近，海象不佳，我們乘風破浪卻無法同舟共濟，因為幾乎所有人都吐成一團。我睡在上鋪足足躺了七個小時不敢動彈，總算未吐而有驚無險地回到臺灣。下船時看見週遭的人一副病懨懨的樣子，全是中耳失衡惹的禍。

乘大船渡海對我而言，算是生平頭一遭。只有收錨出航和鳴笛進港各半小時，感到景色宜人、心情浪漫，其餘中途時段皆苦不堪言，原因是碰上七、八級風浪。躺在船艙內聽到像鼓聲拍打般地行行復行行，縱使嘔吐得再嚴重，卻無處可逃，這才讓人真正體會出「人在江湖，身不由己」的道理，更顯示出有機會「走自己的路」確實彌足珍貴。

年輕時候的我，很嚮往能夠不媚俗地走自己的路，因此對存在主義思想十分認同，甚至為此報考哲學系。後來發現存在主義思潮竟然被結構主義所顛覆，而自己的哲學道路又走得不是很順遂，多少有些洩氣。四十年過去了，我在茫茫人海中載浮載沉，最近似乎有所領悟，理解到人一方面雖然無所逃於天地之間，另一方面仍必須盡量做到頂天立地；這也是孔子「盡人事，聽天命」的道理。

孔子的生路歷程為：「吾十有五而志於學，三十而立，四十而不惑，五十而知天命，六十而耳順，七十而從心所欲，不逾矩。」以此對照我自己的學思路徑，階段上大致相符，只是個人資質魯鈍，每一階段彷彿都要晚個五年才開竅；我二十歲才考上大學，三十五歲正式擔任教職，四十五歲升上教授，近五十五歲始漸悟道，但仍然希望六十歲就能夠耳順而非耳背。

就字面上來看，「耳順」的相反應該是「耳背」。說到耳背，也就是聽覺不靈敏，我倒是遇見過不少有此問題的長者，說話必須對著他們嚷嚷。

在大庭廣眾之前大小聲，別人還以為是發生了什麼事。不過耳背其實也有其好處，像聽不清楚此起彼落的噪音，也可以免去一些無謂煩惱。

五官中眼睛與耳朵所產生的視覺和聽覺作用，乃是人們接受外界訊息的主要管道，因此我們總是被要求「眼觀四面，耳聽八方」，避免以偏概全。問題是人往往有一個毛病，就是只看見自己喜歡觀看的事物，只聽到自己樂於聽聞的消息，從而陷入自以為是而不自知。

以科學研究為例，科學家提出各種假說，然後用實驗去「證實」它們，甚至不惜作偽。但是卻有哲學家強調，真正的科學研究並非去「證實」什麼，而是應該「證偽」，亦即盡可能為自己的想法找漏洞，直到找不出重大缺失為止，從而形成暫時性的科學理論。

這裡所彰顯的，正是一種「自我批判」精神，用於平常生活之中，可以幫助我們日益精進、更上層樓、止於至善。許多人都同意「沒有批評就沒有進步」的說法，卻很少虛心將之用在自己身上。人生要想恢宏開展，首先就必須破除自以為是的盲點。

人的重大盲點之一乃是固執己見，聽不得逆耳的忠言；而忠言之所以逆耳，多少因為它觸及一個人心之所虛的弱點。如何化心虛為虛心？首先要具備一定的自覺；自覺不完美，因此有改善的必要。平心而論，人生之所以有意義，正是因為人生並非十全十美，從而出現日新月異的可能。

孔子到了六十歲才覺得「耳順」，沒有什麼聽來逆耳的言說，表示他的人生已經步上「無過與不及」的中庸之道；至於真正臻於出入自如、收放自如的「從心所欲」境界，還得再等十年。孔子共活了七十二歲，終其一生不太得志的他，甚至形容過自己為「喪家之狗」。但是如此一位為人師表的教書先生，卻為整個人類文明帶來無比深遠的影響。理由無他，孔子用不斷反身而誠的工夫，跟學生進行心靈對話，形成一部不朽的《論語》，將彼此的生命提昇至海闊天空的高度，從而照亮全世界。

鼻

華人相當看重飲食文化，還有人對中國菜加以分類，標榜不同菜系；然而無論怎麼細分，總會講究「色香味俱全」。我對飲食頗有興趣，卻缺少相應的文化素養；有一年呼朋引伴報名參加江南美食團，盡興吃喝玩樂，熱鬧有餘，門道則顯得不足。

為了探索門道，我又打開電視，看著旅遊頻道中的美食節目過過乾癮。一回得見洋人走訪臭豆腐製作過程，面對成排發霉豆腐嚇得落荒而逃的鏡頭，覺得十分有趣。記得在美國我也吃過長霉的臭起士，並不認為有啥可怕，看來是洋人少見多怪了。

不過在異味食物中，我對榴槤確實不敢領教，勉強嚐了幾口便棄甲投降。一個人大可不必跟自己的鼻子過不去，「聞香下馬，知味停車」即是硬道理；生活中讓茗茶、美酒處處飄香，才算得上雅致。

一般人多喜香厭臭，愛美者遂發明了香水、香精，亞洲人到寺廟祭拜，更有拈香祈福的動作；在香煙繚繞之際，精神境界也隨之開啟。不過另一種意義的香菸，在現今似乎越來越不受歡迎；到處禁菸之中，癮君子的處境的確日下。我曾在一座大型機場內，看見成群菸槍擠在一間斗室猛吸，完全失去沉醉其中的樂趣，只能說聊勝於無。

我極少吸菸，只有在飲酒微醺時來上一根，甚至佐以檳榔助興。別人覺得大學教授嚼檳榔不太像話，我卻認為沒有必要對它貼標籤；何況這小小果實已成為臺灣第一大農產品，沒嘗過豈不遺憾？菸、酒、檳榔，再加上練歌場，構成臺灣在地文化的特色；我在中南部鄉下住過四年，對此並不陌生，有時還會懷念起那段悠閒的日子呢！

回到人中的鼻子上面來觀察，洋人所擁有的英挺鼻樑，似為東方人所望塵莫及；但是我們的老祖宗，卻對這個顏面正中嗅覺器官的造型，歸納出一些預卜吉凶的道理來。

我其實不太在乎自己的容貌，更沒想到去看面相；不過當有人對我的蒜頭鼻指指點點，並且發表意見時，我還是不免會介意。嫌我醜倒也無妨，說我的長相漏財，就有些傷感情啦！雖然我非大富大貴之人，但在安定中求進步仍為心之所嚮。只要衣食不缺、住房無虞，我仍然希望在有生之年繼續發展個人事業。

我的專業乃是哲學，但是不包括算命。如今哲學工作者多半在大專院校中謀生，於是我便努力去扮演好教師的角色。人家說當老師也要嗅覺靈敏，意謂必須聞得出學生的喜好，否則落得無人來選課，豈不要捲舖蓋回家？

若說嗅覺靈敏，大概沒有比犬類更厲害的。這種由狼演化而成的家畜，號稱是人類最佳朋友；如今已非寵物可以形容，許多人早已將之視為家中成員，建立起親密的伙伴關係。不過狗兒對主人忠心耿耿，多少跟味道有些關聯；狗認主人主要是靠聞出來的，一旦主人失去原有的味道，恐怕還會被狗眼看人低呢！

犬類靠著鼻子和忠心贏得人類的肯定與讚許，並賦與緝毒及看家護院等重任。不過當社會上以「狗仔隊」、「雞鳴狗盜」之類說法，來形容一些見不得人的偷雞摸狗情事，是否有對狗兒污名化之嫌？然而從另一方面看，狗仔隊無所不用其極地對政商名流及演員歌星進行跟蹤偷窺扒糞，有時真的會讓一些貪官污吏無所遁形。在大家看熱鬧之餘，也算造福百姓，這或許是民主社會的特色之一。

現今時髦男女塗抹古龍水及香水尚不夠有味道，生活中更要點上香精油才足以滿室生輝。近來還流行一種芳香療法，請知名演藝人員代言，蔚為風潮。我太太有個同學覺得此道大有商機，乃花重金拜師學藝，希望出道後到大陸去開店推廣，同時邀請親朋好友集資共襄盛舉，令我太太亦為之心動。我笑稱不要到時候血本無歸，需要用芳香療法來作心理治療。

依我之見，以撲鼻清香來安頓心性、調適生活，其實自古有之；把它形容成某種療法，多少跟現代人身心不夠健全有關。反躬自省，我的身心同樣未達健全之境，但是受惠於哲理思索，略懂自我調適之道，嚮往自然無為，對大自然流露的芳香樂於親近，但是人為造作的香油香精之屬，就敬而遠之了。

不過我並不排斥酒香與咖啡香，或許對其中的浪漫情調有種「雖不能至，心嚮往之」的求償心理吧！浪漫屬於一份可遇不可求的感受，它的本質是沒有負擔的快樂。記憶中我在當兵和短暫留學那兩段日子裡，似乎是充滿浪漫的；前者因為「人在江湖，身不由己」，後者由於「獨在異鄉為異客」，都處於從熟悉的現實中抽離的景況，反倒詩興大發，留下一生中難得的雪泥鴻爪。

其後至今竟然完全沒有詩興流露，幸好近年尚能維繫一股「我手寫我心」的熱情，短文小品不斷問世，不致予人學了哲學便不食人間煙火之感。如今小品文寫到鼻子上面來了，讓我有機會對自己的五官內外作一檢視。人貴自知而後知人，唯有持續跟人良性接觸，才會激發出智慧的火花，不是嗎？

舌

我屬蛇，蛇吐信伸舌常予人可怕不祥之感，但我卻認為這是爬蟲動物抬頭挺胸時最神氣的模樣。蛇雖名為小龍，在人們心目中卻與真龍有天壤之別，不過別忘了神醫的權杖上有蛇行盤繞，作為代表崇高的圖騰。

蛇不是舌，然而當我看見別人吐舌時總聯想到蛇，不知何故？話說回來，舌主味覺，與吃食相連；我不太忌口，但不吃蛇肉，多少跟自己的生肖有關。

說到吃，我就來勁兒。告子說：「食色，性也。」《禮記》指出：「飲食男女，人之大欲存焉。」都說明了吃喝乃人生大事，不應怠忽，更不能草草了事。我雖好吃，卻非美食主義者；我喜好的是「大碗喝酒，大塊吃肉」的爽快。奈何年輕時吃喝無度，弄得如今胃腸不輪轉，只有望著美食好酒興嘆。有人勸我清心寡欲，改弦更張潛心茹素，我還真的試行一陣，可惜不敵現實因素而破功。

事情是有回學生請吃謝師宴，我隨興揀了個座位坐定，接待同學問我吃素嗎？並謂這是素食桌。我心念一轉，想想今天吃素也不錯，便清心寡欲起來。沒想到飽食一頓後，竟然覺得法喜充滿，乃發心終日茹素。結果是我堅持了兩個月又三週，因為去大陸講學，被對方盛情招待驢肉加白乾，乃以破功而告終。

不過由此番經驗看，我還是具有一點慧根的。再說我嘴不刁，口味也不重，是那種很好養的人。五味中酸、苦、辣我皆不堪，如今吃鹹又怕血壓高，倒是對甜食一往情深地偏愛，尤其是嚼巧克力。看見日本人時興嘗黑巧克力，其可可亞成分高達百分之九十九，簡直是自食苦果；相形之下，我算是吃不了苦的一群。小時候常聽說要「吃得苦中苦，方為人上人」，我不喜出頭，又不願屈居人下，只有努力擇中道而行了。

年輕時候的我，逆反性強，大概中了社會主義的毒，對中產階級生活嗤之以鼻。如今步入中年，回首望見來時處，竟然驚覺自己已是一介面目可憎的標準中產階級。中產階級比上不足，比下有餘；平日衣食無缺，卻容易陷入缺乏文化品味的平庸媚俗，有待移風易俗，推陳出新。不過近來大家都在談「M型社會」，亦即貧者愈貧，富者愈富，中產者大幅萎縮的兩極化社會。身處其間，似乎更應該培養知命而不認命的能力，持續改善現況。

說起用來品味的舌頭，它不止是味覺器官，也管發聲功能。人類一旦發聲，形成語言溝通，世界可就變得複雜起來，甚至於是非不斷。如果人們彼此說長道短，因口舌而引起是非，我倒寧願鼓勵大家多用它們來品嘗美食，甚至相互接吻，這些都是有益身心的事情。

華人似乎不愛接吻，至少不在公共場合來這一套；洋人可不管，盡情享受而後已。記得有一年隨團赴美旅遊，在迪士尼樂園內排隊等候，面前一對老墨小情侶兩唇相接打得火熱，竟至難分難捨。妙的是他們熱吻之餘，竟還有閒暇用眼神跟我報以得意的微笑，我也只有回以苦笑和傻笑來友善回應。

接吻看著似乎是件有趣的事情，只是我結婚多年來，並未深耕此一園地。尤其是觀賞銀幕上的舌吻，更覺得不可思議。兩舌相接，又讓我思及蛇首昂立的情景；而口水的滋潤，則聯想起「相濡以沫」這句成語。在莊子的寓言中，這句話代表患難與共，而非兩情相悅；我卻以為拿它的字面意義來形容後者，亦十分貼切。

我已經不記得自己頭一次跟女孩子接吻是什麼時候的事情，但是九十出頭的老母在我去探望她要離開時，總是希望我能親她一下，並且報以熱情的擁抱。我的老母沒留過洋，越老卻越講究洋派；出門要吃西餐和冰淇淋，見面要擁抱問候。我想這是她返老還童、心情開朗的表現，的確是一種福氣。相形之下，我就顯得拘謹而放不開，雖然我在學生面前還是努力展現自我。

我學哲學，教的是人生課，性質跟語文、數學、電腦等實用課程大異其趣。後者可以立竿見影，人生則需要潛移默化。為了傳道授業解惑，我把自己的生活故事攤在講臺上，費盡唇舌對同學曉以人生「大義」；然而學生來此似乎純作壁上觀，我的教學活動也就成了唱獨角戲的演藝事業。既然學生是抱著看戲的心情來聽我講課，我就又講又演，盡量逗大伙兒開心。

回想起大學時代我在跟著同學起鬨的情況下，加入了京劇社，起初跑龍套，後來學丑角演小花臉。多年下來我一句唱腔都沒學著，卻把京白練得很溜，可以來上一段數板。數十載過去了，我再也沒有機會粉墨登場，幾句臺辭卻依稀記得。每到學期末了，我便跟同學表白，說教書乃是耍嘴皮的功夫，當下要露兩手給大家瞧瞧，然後念上一段快板，逗得臺下哈哈大笑，最後一課就此歡喜收場。

每個人的生活經驗各不相同，但是可以在異中求同，這便構成了各式各樣的常識。常識就是一般見識，比較沒有系統，經常通過直覺感受和自由聯想隨與流露；它難免出錯，此時便需要靠學習知識和體悟智慧來修正。我相信人人都有可能從常識走向智慧，但是缺乏常識的人卻容易讓智慧擦身而過。

多年來我一直努力去追求「我手寫我心」的境界，起先主要在落實「獨善其身」的工夫，從而拈出「後現代儒道家」的人生旨趣，與「知識分子生活家」的生活型態。近日反身而誠，逐漸領悟讀書人還是必須走向「兼善天下」的理想途徑。而我作為哲學學者，可以做的正是學問探索與教育實踐；持續地書寫，即是此種理念的體現。

中國知識分子的理想人生，是從獨善其身到兼善天下、從內聖到外王，這屬於典型的儒家式自我實現道路。獨善其身要求「修身」的工夫，在我看來包括為學和做人兩方面，亦即「道問學」的格物與致知，以及「尊德性」的誠意與正心。這些思想的引申，留到末章〈生活的開展〉中再予討論；如今僅就〈生活的感受〉範圍來談，談論的對象則是作為觸覺著落的肉身。

光就人的身體而論，它乃是一套生物性有機系統，經由漫長的時光流轉，演化成現在這副模樣。地球上目前大約有六十七億個人類生命體，有人腦滿腸肥，有人嗷嗷待哺，命運大不相同。生物性身體佔有空間，且活動於時間之流內，此為每個人都無法規避的脈絡條件。正是這一能夠感受外在刺激的身體，為我們招致痛苦，但也帶來快樂，這是大家首先要確認的。

理想的生存狀態，應當為身心一體、相輔相成、和諧運作，無奈西方文化始終把身心判成兩橛，更有貶抑身體、看重靈魂、精神或心靈的傾向。這種情形自古希臘通過中世紀直到文藝復興以後，哲學史將之歸為「理性主義」一系，其特色為看重理性思辨，忽略感官經驗；與其相對的，則為重視感官經驗的「經驗主義」。哲學的爭論雖非無的放矢，但常予人不知所云之感；相形之下，還是常識來得有趣。

常識告訴我們，少了身體作為支柱，靈魂根本快活不起來。愛情電影「第六感生死戀」(Ghost) 講一對情侶恩恩愛愛、如膠似漆，但是好景不常，男的被人謀財害命，陰魂不散，想保護女友卻苦於缺少身體作後盾，只好借助一名靈媒為中介。遊魂省去吃喝拉撒睡，也少了人生大半樂趣；尤其不能跟女友水乳交融般地相親相愛，更是一大憾事。

沒有心神的身體是行屍走肉，沒有肉身倚靠的幽靈是孤魂野鬼；講到官能性身體，其實包括心靈的觸動。不過在現實人生中，由身體刺激所帶來的快感，還是有可能讓人耽湎其中不克自拔。科學家發現人腦中有一塊形成快樂情緒的區域，施以電擊便會產生無比快感。

而這塊區域老鼠也有，拿老鼠作實驗，讓牠學會去觸壓槓桿接通電極以尋求刺激，結果鼠輩竟不吃不喝不拉不睡地壓桿找樂子，死而後已。想想年輕人吸毒轟趴，大概也是這種渾然境界；不過在我看來，多少有些走火入魔。「留得青山在，不怕沒柴燒」，一旦達到終極快感，恐怕就沒有回頭餘地了。

身體的觸覺在心理的反映上，有時十分敏銳，卻也帶來各種煩惱。像我既怕冷又怕熱，又怕冰又怕燙，於是睡也睡得不安穩，吃也吃得不盡興。這些煩惱是我的痛苦源，欲去之而後快。但是生活中找得到源頭的痛苦還好解脫，由不確定感所產生的焦慮就麻煩了。

科學家拿聰明的猴子作實驗，教牠辨認圖形，出現圓形給食物，出現方形挨電擊，猴子兩三下就學會趨吉避凶。接下來把圖形弄擰，圓不圓、方不方，猴子判斷錯誤便觸電，弄得牠焦躁不安。實驗重複作幾回，猴子竟然一命嗚呼，解剖後發現胃腸穿孔，正是心理終日處於焦慮狀態下的生理反應結果。

這種情形有沒有一點像現代人的處境？出門怕塞車、飲食怕致癌、老闆的心情陰晴不定、同事間又知人知面不知心；什麼都不確定，更不確定自己究竟在煩什麼。

我認為此念是煩惱，轉念有可能成就菩提，退一步想更會出現海闊天空。在這一點上，身體可說是受到心靈的指引，而整個人生作為，又必須以身心一體為前提。五官所形成的各種知覺，只是我們接受外在刺激後，作為不同反應的元素。刺激被剝奪將會失去生活定向，相對地，不能做出有效反應的生活環境也令人窒息。

我們最好能夠將生活中的刺激與反應調節至恰到好處的地步，這便需要適度的定力與自由。重點在於要有自知之明，知道在五官感受上有所取捨，不消極亦不強求，執中道而行，無過與不及。我慶幸自己是個五官健全的人，它們讓我產生靈明自覺，期待讀者們也樂於讓自己活在耳聰目明、各種官能無礙的清醒狀態中，對人生進行反思與批判。

生活的領略

人們用七情六欲五蘊勾勒生活的大概；「五蘊」指「色、受、想、行、識」，在情欲流轉之外，「五蘊」歸納出日常生活的一切範圍，構成我們對於生活的領略。

我剛進入大學就交了三個好朋友，三男一女結伴，中午一道談天、用餐。女孩的飯量正好是我們這群成功嶺下來大頭兵的一半，於是我給咱們這個吃飯小團體取了個「三又二分之一」的封號，班上同學也津津樂道。上大二後，女孩交上外系男友，三男則成為「社團上班族」，彼此漸行漸遠。大二下學期結束剛放暑假，我聽說女孩因病去世，感傷之餘，決定為她編一本紀念刊物。

拿出四人在鼻頭角的合照，一句輓別的下聯浮上心頭：「三又二分之一至此終成絕響」，上聯卻遍尋不得。待刊物要付梓之前，我慨嘆生命之無常，上聯驀然湧現：「七情六欲五蘊遽爾煙消雲散」。七六五對三二一，缺少的那個字，帶走了我們短暫的友誼，卻留下永恆的回憶。人們用七情六欲五蘊勾勒出生活的大概，在情欲流轉之外，「五蘊」即構成我們對於生活的領略。

「五蘊」指「色、受、想、行、識」，說法源出於佛家，但無需將之窄化為宗教觀念，它其實歸納出日常生活的一切範圍。其中「色」字泛指對所有物質世界及其作用的概括，當然也包含前章所講的「五根」和「五境」。

原始佛教來自印度，古印度人講「四大皆空」，但並非「酒、色、財、氣」之謂，而是指類似現在講的化學元素般，組建世界的「地、水、火、風」四種元素。這跟希臘人發現構成萬物的四類性質「水、火、土、氣」完全吻合，而與中國的五行「金、木、水、火、土」部分類似。

現代科學告訴我們，化學元素已多達一百多種，但是古人的簡單歸納仍有其一定道理，「五蘊」便由「四大」聚集後所投射反映生出。「蘊」表聚集，可藉以指比較活躍的化學反應，一切無時無刻不在變化中；形之於外即顯示世事無常，對人生的啟發則是要大家莫執著，否則煩惱無明業障隨之而來。

我主張生活應當自由自在、自然而然，莫要強求執著；但卻不認為人生一切空空如也，任何事都得順其自然不干預。如此與一切無涉的人生，在今生今世完全不可能；不可能的事就別去做，免得徒勞無功。

然而，我們通過自己的色身，面對這個四大變化無常的世界，究竟能夠做些什麼？我建議擇善固執，擇其善者而從之，其不善者而改之。

西方哲學探討「真、善、美」，其中「善」即是倫理學的研究對象與實踐目標。善與惡相對，人應當行善避惡，亦即多做好事，勿做壞事。這是生活的基本要求和規範，人們絕對不可以任意妄為，對善惡不加分辨，否則世界就會變成無法無天了。

佛學知識博大精深，我不曾涉入，但我知道佛家並非主張一切都不干預；當諸事看破、看透、看開後，生活還是得靠修行來維繫。一般凡夫俗子因緣未具足，似乎只能藉由良知良能來潔身自好。

面對森羅萬象所展現的世界，我秉持常識的觀點去認識它，並與之和平相處。相較於宇宙一百五十至兩百億年的歷史，地球四十五至五十億年的發展僅佔四分之一，之前則是一片渾沌。但是拿人猿出現的兩百萬年，以及真人的七、八萬年來跟地球比較，就簡直無法以道里計，更不用提只有七千年左右的人類文明世界。

人類是這個星球上的後生晚輩，如今臺灣人的平均陽壽已達八十歲。一個人十五歲以前通常懵懵懂懂，六十五歲退休後的日子則成為閒雲野鶴，不知所終；真正能夠善自發揮的，一般就是五十年上下。既然每個人都有半個世紀的光陰去揮灑塗抹，你要把自己繪成什麼模樣？

一件很奇妙的事情是，在我動筆寫這本小書的時候，生命情調出現微妙的轉變，學問的鐘擺從一端的「空」義，逐漸盪向另一端的「有」義。如果色即是空，那麼空中仍存在著妙有。

用常識去看待「空」與「有」，指的就是出世與入世。我在個性上十分嚮往安度出世的「生活家」日子，心境上卻相當強烈擁抱入世的「知識分子」情懷。而我自忖唯一可做的事情，只有著書立說加上傳道授業，所以我打算好好利用這幾年時間，再努力一陣，也算是一個渺小人類對這個廣大世界的微薄貢獻。

常識帶給我最大的啟示，即是讓我瞭解人死即使如燈滅，或無所謂靈魂不滅；但是我們可以讓自己的精神不朽，著書立說便是可行途徑。如今資訊科技發達，一個人寫下的隻字片語，只要進得了圖書館，就有可能被永久保存。所以我經常勸研究生要好好寫論文，一旦完成後，將會保存一百年甚至一千年。如果寫得太差，日後人家不但罵你，連我這個指導教授也一併罵進去，那就太悲哀了。

我用常識的眼光，去建立自己的身體觀和世界觀，發覺人生活在宇宙時空中，縱使不過剎那生滅，卻能夠通過靈明自覺而有為有守。因此我雖然骨子裡嚮往出世的「生活家」意境，但有心選擇入世的「知識分子」關注社會來自我實現。如今人人都受過教育、擁有知識，也都嚮往多采多姿的生活，成為「知識分子生活家」絕對有可能，讀者朋友是否樂於為之？

受

本章藉由佛家講的「五蘊」，來討論人們對於生活的領略；但是不採用佛家的解釋，而用一般常識來觀照。常識就是你我的一般見識，我講出我的見識，歡迎讀者朋友反思出自己的看法，從而進行自我教育。

「五蘊」包括「色、受、想、行、識」，「色」指向身體及其週遭物質世界，「受、想、行、識」則屬精神狀態；人生就是通過精神狀態作出妥當決定，以安頓身形和改善生存環境。

佛家把人的精神狀態分為「受、想、行、識」來講，其中「識」共有八種，包括前章所介紹的「眼、耳、鼻、舌、身」，其餘留待後面再談。

現在先來看「受、想、行」三者，它們分別指人的感受、思考及行動，可以跟今人所說的「知、情、意、行」大致呼應。

依我之見，在付諸行動之前，無論是「受、想」還是「知、情、意」，其實就像李安導演的電影「理性與感性」(Sense and Sensibility) 片名一樣，不外乎心智或精神狀態中的「感性、理性、悟性」交相為用，其所參照的對象即是「常識、知識、智慧」。

此處悟性所對應的智慧無法學得，只能領略；理性所對應的知識為各級學校所傳授，越高級越細分也越瑣碎，有可能見樹不見林；而感性所對應的常識則為人人不可或缺的心靈補給，多多益善，但沒保證不會出錯。知錯能改，善莫大焉；常識豐富絕對比無知佔上風，這便是我提倡常識的理由。

「受」指的是直覺感受，「想」則代表起心動念。生活中感性與理性無法截然二分，常識與知識也沒有清楚界線；我甚至認為理性是高度收斂的感性，而知識則屬深思熟慮下的常識。佛家另講「苦、樂、憂、喜、捨」為「五受」，在正常情況下，一個人當然會迎喜排憂、離苦得樂；但是佛家領悟世事無常，因此勸人要不時放下、捨得。這無疑屬智慧之見，我最近深有體認。

我的繼父以年逾八十的高壽病逝，我在醫院病房為他送終，親眼目睹生命掙扎消亡的一幕，可說是為我自己上了一堂寶貴的生死學。由於現今社會傾向將死亡隔離，我雖然教了十幾年的生死學，卻多半流於自由聯想與道聽塗說，這回算是有機會親身體驗。我的生命情調因此經歷了一些奇特的轉折，讓我更貼近「五受」的真實面，也更深入地反思自己性情的陰柔面，同時清楚觀察到內心的陰暗處。

繼父於去世前兩年半罹患二期肺癌，切除一片肺葉後順利存活，後來他接受例行檢查，竟被告知已達末期，只好開始進行化療。一心還想環遊世界的他，在作過兩個療程後，已顯得虛弱不堪，雄心壯志更被折磨得只剩下希望安度每週一上午的化療時辰。由於他的多所訴苦，醫師決定讓他在門診後住院觀察兩三天。帶著無奈的心情、抱著沉重的身軀，他無言地躺進癌症病房，跟鄰床一名住了上月的舌癌患者相對無語。

繼父住院那天是個晴空萬里的中元節，我陪他坐在八樓的日光室看風景，一〇一大樓近在咫尺。他突然表示死後要做大體捐贈，耳背重聽的他發聲如吼，交代的後事迴盪在亮麗的日光室內，卻比空調送出來的風還冷。兩天後他出院了，我因為要擔任殯葬評鑑工作，無法去幫他辦手續。那天上午我站在尊貴的納骨塔樓層上，從窗外看去，不遠處竟露出一〇一大樓的上端，此時繼父的遺言又在我耳畔響起。

捐贈大體是好事，報載臺灣有近八成塔位空置，七百多萬戶陰宅三十年也用不完。到底是死了燒成灰往裡頭一放，還是留下臭皮囊供教學之用，哪一種決定更有意義？如今入塔的多，捐軀的少，繼父的決定是否也是一種「放下、捨得」的表現呢？

一般人都希望生活中充滿喜樂，並且盡量擺脫憂苦；但這不能只靠捨棄，同時也必須有所求取。人生中有所進取，甚至爭取為官，這是儒家的生涯規劃，佛家不會苟同。我不喜做官，頂多在學校裡兼點行政職，算是服務奉獻。我的進取心指向為學，這便是我作為學者在生活裡不斷地「受」。

我感受到學問的充盈與豐富，卻對當代知識的繁瑣敬而遠之。學問在我看來屬於前人的智慧之見，它們可以簡化、淨化為常識，而在生活裡付諸實踐。我好讀書不求甚解地作學問，出發點始終是常識。我根據常識判斷，自己生活於其間的世界，乃是實實在在而非虛無飄渺。

總而言之，「受」反映在每一個人的感受體會上，重點是希望大家對自己的主觀感受不要太執著。我常看見有人對身後事太執著，而作為教師的我，推廣生命教育多年，就想到為殯葬改革貢獻一己之力。如此既有助於業者產業升級，相信也對包括你我在內的消費群有所裨益。

想

我們市井小民最大的心願是物價下跌、薪水調升；現實生活中卻面對什麼都在漲，只有薪水年年不動，大家只能抱著度小月的心情過日子。然而除了少數人過得渾渾噩噩，其餘大多都對生活有些感受，也產生一些改善現狀的想法，並努力去付諸實現。「受、想、行」正是我們每天對於生活的基本領略之道，至於生活的內容則因人而異。

一般人每天為謀生而忙碌奔波，感受到的幾乎都是生活中的瑣碎細節，很少有機會退一步「想」，汲汲營營到底所為何來，甚至探問人生將何去何從。在現代文明社會裡，人並非茹毛飲血般地求生存，而是通過思考和行為，去努力改善生活、充實生命，但科學發現告訴我們，生命的存在，可說完全出於偶然。

有天適逢中秋夜，我散步到公園賞月，在一輪明月的輝映下，看見街頭上成群的人在烤肉；此一風氣成形於十幾年前，如今竟衍生為全民運動，著實不可思議。回家後覺得疲倦，便打開電視看點輕鬆的節目，轉來轉去還是轉到我所熟悉的「國家地理頻道」，剛好播出中秋節特別節目「神秘的月球」，講太陽、地球和月亮的關係，意外讓我上了一課。

原來在四、五十億年前，炙熱的太陽噴出一堆大小行星，其中有顆小行星離地球太近而擦撞碎裂，碎片被地心引力吸引再結合成我們的衛星——月球。這一撞把地球撞得快速輪轉，於是有了日以繼夜；此外還把地球的中軸線撞偏了，於是有了四季分明；而月球引力造成地表潮汐波浪翻滾，更製造出多元生命。如此說來，人類崇拜太陽與月亮，並非全然迷信；正是這兩顆星球的「綜效」，人類才會偶然出現於地球之上。

好好過生活，需要想得那麼遙遠嗎？我覺得一個有充分遠見的人，可以把眼前的俗事塵務看得無足輕重，從而去做一些大事業、大規劃；即使沒有重大規劃，也能夠在一些小事情上放得開。電視特別節目結尾講到，再過五十億年，太陽即將耗盡其能量，就開始向外膨脹，終於把地球和月球一併吞噬，萬物復歸於零。既然未來的一切均將灰飛煙滅，那麼今天我們辦後事，最理想的作法便是採取環保自然葬，火化後立即將骨灰植樹或拋灑，不立碑、不佔地，也不必讓後人操心。

此事看似生活小節，卻極難推動，原因正是臺灣人保守迷信，弄得殯葬活動烏煙瘴氣，一點也沒有慎終追遠、莊嚴肅穆之感。要善盡孝道，與其搞些形式化的繁文縟節，現場只見人來人往、行色匆匆，倒不如辦個溫馨親切的告別式，邀集親朋好友有充分的時間聚會，以抒發感念的方式緬懷亡者，讓親人的生命劃上一個完美的圓。

我長期參與殯葬改革，推動殯葬教育；回想我先後致力於生死學與殯葬學的知識建構，目的都是在於破除世人心中的蔽障與迷思，從而拈出「輕死重生、厚養薄葬」的現世主義人生哲學。

我樂於接受「人死如燈滅」的看法，並主張在死之前我們唯一可以做的事情，是讓自己的精神不朽，創造一些文化性的精神遺產。胡適曾經表示，追求精神不朽，便是他的宗教信仰；這對我而言，便是持續著書立說。

我至今已寫出二十五本著作，它們雖然並非擲地有聲的金匱石室之書，但終究屬於自我覺察之作。作為一名中年大學教師，個人閱歷見證了臺灣過去半個多世紀的發展，我對此頗有感受體驗，亦不乏認真想法；寫出來供人閱讀，就是希望有更多的人產生意識覺醒，從而慎行存在抉擇。

佛家認為諸行皆苦，人生乃是苦海及火宅，必須通過出世修行的工夫方能離苦得樂。在這種觀點下，「五蘊」的意義就顯得消極起來；人們不被鼓勵有所作為，以免衍生流弊。當然一個人通過「受」與「想」的過程，的確有可能做出逾矩的事情；但是生活作息也不可能完全心如止水，適度的起心動念還是有其必要。

尤有甚者，隨著時代社會的不斷推陳出新，人生就不能以不變應萬變；如今更有「潛能開發」的需求，這些無不是希望將人們的想像力和意念盡情發揮。西方學者強調人是「理性動物」，用腦思考是人類的特徵；哲學家更以「我思故我在」之說，來彰顯人的起心動念之重要。我身為哲學學者，以思考為業，且突出其中的批判性；「在不疑處有疑」，便是我的座右銘。

如果「在不疑處有疑」代表我的為學之道，那麼「為而不有」即屬做人態度；通過為學與做人，便構成生活的全部。

「為而不有」的道理相當簡單，想通了就很容易加以實踐。想想看人之一切，不就是「生不帶來，死不帶去」的嘛！充分利用各種資源不就成了，奈何要妄想擁有？

過去文人喜歡「坐擁書城」，如今圖書館設施良好，網路資訊更是發達，不需要私人搞一大堆藏書佔地方。我讀書並不全然為了修身養性，主要還是打算著書立說。我無意做個媚俗的「作家」，而是想成就自我為反身而誠的「作者」。

家父與家叔分別擔任過書局和報社的總編輯，我也曾經從事數年專職編輯工作，更慶幸生在「書香世家」，讓我有機會馳騁在想像的世界裡優遊自得，相信這是我一生最寶貴的心靈資產。

行

「行」代表行為、行動，孫中山為了提倡革命，主張「知難行易」，希望人們起而行，以革命行動除舊布新。但在現實生活中，我們的經驗恐怕是「知易行難」的成分居多。像我好吃好喝，身體已經發出警訊了，仍然無法徹底落實忌口。而從另外一個角度看，「五蘊」中的「受、想」二者，可以總結成一連串的「知道」，這其中有直覺把握，也有反省思考。

「知道」便是知所行止，亦即該何去何從；確認了方向再採取行動，始有可能事半功倍，否則將會徒勞無功。佛家對世俗中的知與行皆有所保留，認為那會帶來不良後果。只是我們大多數人都身為凡夫俗子，人在江湖往往身不由己；如果不想出家以拋棄塵務雜念，唯有反身而誠、清心寡欲、擇善固執一途，也就是學做「自了漢」。

「自了漢」的生活型態並非孤芳自賞或明哲保身，而是自求多福與獨善其身。例如我雖然有兼善天下的理想，但一定要反躬自省，先確定是否已做好獨善其身的工夫。社會上及官場中有太多想兼善天下的人，結果搞得天下大亂。平心而論，生活即是一連串活動與行動的組合，除了一部分活動自行管理外，大多會與別人產生關聯。此時我們可以參考的原則，即是孫中山所說的「為所應為」，以別於「為所欲為」。

社會上流行講「主體性」的觀念，希望藉此凸顯自身的可見度；但是真正實踐主體性，講究的乃是一種包容異己的心態，是考慮「我對，你不一定錯」的可能。「為所應為」的「應」字，所反映的即是「肯定自己，尊重別人」。

「應」指應該不應該。西方哲學家看問題，主要分為「實然」與「應然」兩大類；前者係「實際如此」，屬於事實的認定，如今多歸於科學；後者為「應該如此」，屬於價值的判斷，如今常用於倫理學。雖然後現代思潮模糊掉了事實與價值的界限，但是依常識來看，二者還是可以做出某種分判的。

我上課時經常指著水杯加以解說，「這是一只杯子」乃事實認定，而「這是一只好杯子」則見仁見智。在我看來，塑膠杯便於攜帶且不易打破，是其「好」的優點；但不易保溫且外型俗氣，則可能列為「不好」的評價。「事實認定」主要涉及真與假的區別，容易通過感官經驗確認；而「價值判斷」就包括是與非、對與錯、好與壞、美與醜等等的決定，必須深思熟慮，而且不見得有所共識。

一個人從事某種行動，有時是出於狂熱衝動，有時則屬個人信念的實踐，二者並不容易區分。像中東地區的自殺炸彈客，宗教狂熱固然有之，為真理獻身的意念也同時存在。過去哲學思想長期以來推崇理性，貶抑感性，但是二者其實不能也不必區分，因為理性正是高度的感性。當感性生命直覺地向外求索時，理性生命則反思地向內收斂；一旦身心收放自如，人生方能出入自如。

對於人生中各種行為表現，我主張「當行則行，當止則止，無過與不及」；這其中的「當」字，與「為所應為」的「應」字意思相通，都要求人們反躬自省，以慎重作出各種人生抉擇。如果「眼、耳、鼻、舌、身」等「五根」是人們接收訊息的來源，那麼「色、受、想、行、識」等「五蘊」便屬消化、利用與儲存訊息的過程。簡言之，生活就是個體與環境互動的結果；改善生活的目的，即希望保持良性的互動。

拿事實認定與價值判斷比較，前者的爭議性相對不大，後者雖然有時會見仁見智，但多少還是有道理可循，此一道理即是「倫理」。倫理在西方世界體現為原理原則式的道德規範，不同的人必須遵守同一套規範，偏向「異中求同」；在中國則反映出對不同關係的人表現不同的對待方式，像「五倫」便屬於五種不同的關係，此中乃是「同中存異」。

如今你我生活在華人社會，兩岸四地生活習性大同小異；人人都受到外來的倫理道德與法律制度所規範，也都在具體實踐著華人的五倫關係。近年我嘗試提倡常識性的「中體外用論」，用以觀照華人的日常生活態度。

生活在兩岸四地、新馬兩國，以及全球各地的十四億華人，約佔全球人口五分之一；其中漢民族超過十億人，具有相同的文化底蘊，理當反思並認同自己的文化主體性，此即我心目中的「中學為體」。

新世紀伊始的「中體外用論」屬於後現代、後殖民論述，與上世紀初期「中體西用論」的前現代、次殖民論述大異其趣，二者不可同日而語。我所強調的「中體外用論」，首先要彰顯身為華人所賴以安身立命的中華文化之主體性；立足於此一主體之上，我們大可善用外來的科學技術和政經法制。

進一步看，這並不是食古不化的混合，而是融會貫通的整合。例如在獨善其身方面，可以是儒道融通的人格修養；而在兼善天下方面，對岸推行「中國特色社會主義」，臺灣似乎淡忘了「三民主義」。意識型態乃是支撐法律、政治、經濟、社會順利運作的信念系統，美國人民雖然不看重資本主義，但是他們的政府和大資本家卻一點也不含糊；像小布希發動二次波灣戰爭，石油利益便在考慮之列，不能說他的「行」毫無理由可言。

識

許多人都聽說過這個故事：風吹旗飄，小徒弟曰旗在動，大師兄表示是因為風吹而動，師父則很有智慧地指出，真正在飛動飄搖的，不過是人的認知心、分別識而已。換句話說，是我們的意識狀態反映出外在世界的各種活動，從而凸顯了意識的重要性。

中國也有推崇「心性」的思想，自孟子以降，至王陽明的「心學」達於高峯。王陽明主張的「心即理、致良知、知行合一」，而這與他的生活經驗有關。據說陽明先生年輕時奉行「格物致知」的道理，就去觀察竹子生長的過程，因為不得要領，所以累出病來。病癒後頓悟向外探索無益，反身而誠，捫心自問，發覺良知通曉一切，人生實不必再向外馳求。他雖然在思想上傾向唯心，在立身行道上卻相當積極進取，曾帶兵打仗立下戰功，深為蔣介石總統所推崇，乃將臺北的草山改名為「陽明山」。

今日的陽明山是賞花好去處，古代陽明先生亦曾與友人入深山尋幽訪勝，見一美麗花朵綻放如虹，遂悟花開花落之世事無常，而鮮花映入吾人眼界心田，又彷彿為我所生。這種論點叫「萬法唯心造」、「存在即被知」，有人視之為對偉大人心之作用的肯定，有人則斥之為人類中心的自我膨脹。

雖然唯心觀點反映出某種哲學上的深度，為哲學家所嚮往；但是把旗幟飄揚和鮮花綻放，僅止視為吾人一心之發用，也未免太不識「實物」。依常識推想，萬事萬物的活動，原本跟我們無關；而當人心識得，從而有所聯繫。人若意識到一件事，更以意志力去改變它，世界也就出現了變化；不過讓「萬物靜觀皆自得」，也沒什麼不好。

哲學上的「唯心論」與「唯物論」，都執著於那個「唯一」的解釋，以致二者互相對立。就像男女雙方對愛情中肉體與心靈孰輕孰重的爭議類似，其實二者立足點並非一致，若是嘗試對話，甚至有互補的可能。

唯物論相信一切存在的基礎乃是物質性的，精神活動屬於上層建築，受制於物質條件；這是很根本踏實的看法。唯心論則認為物質世界變化莫測，終將歸於虛幻，唯有一心之發用可以不變應萬變，心靈的作用既切實又恆久；這是很理想崇高的看法，也因此唯心論又稱作「理想主義」。

唯物論由下往上看，發覺精神性的事物不免掛空；唯心論由上往下看，感到物質世界太過瑣碎。但是仔細想想，人的生活脫離得了物質與精神嗎？此刻唯物與唯心最好是往中間靠攏，將物質與精神世界融會貫通，進一步尋求去蕪存菁、推陳出新的可能，這才是有意義的生活途徑。

講到精神、心靈，就要談到本節的主題「識」。佛學裡有「六識」與「八識」之分，前者包括「眼識、耳識、鼻識、舌識、身識、意識」，後者再加上「末那識、阿賴耶識」二者；佛學指出，六識係小乘所言，八識為大乘所論。

「乘」可指車船，小車小船僅能自度，大車大船則能夠度眾生。依常識判斷，我建議先做好獨善其身，再想辦法兼善天下；如此觀之，先修小乘再談大乘尚且不遲。

六識的前五識是本書首章的主題，現在提到的「識」，自五蘊銜接上五識，指的就是我們的「意識」作用，八識則把意識再細分為三層。長久以來，探索人們的心靈意識，即是西方心理學的工作，近百年卻走向外顯行為的研究。心理學由哲學中脫離，轉而投向科學陣營，即是把關注對象，逐漸從主觀的意識移至客觀的行為之上。

心理學從研究意識轉向研究行為，固然是向科學「實事求是，信而有徵」的信念靠近了一大步，但是心理學卻因此失去了「心」。何況只看外顯行為，實在無法登入人類內心之堂奧；尤其是電腦和機器人出現以後，其模擬人腦及人類行為之處甚多；但人腦貴在認知，電腦實為高速演算，二者不可同日而語。

意識反映出人腦活動的內容，佛家講「受、想、行」皆歸於「識」，「想」即代表認知心；此三蘊屬於心的表現，而「識」則為心之自身。換言之，意識乃心的作用，阿賴耶識深入指向心之本質、本性，末那識則是介於吾心和精神本性之間的自我。上述這一切，必須從唯心論的視角契入，方能真正得其解。

我一方面驚嘆於佛家可以把一心之發用，解釋得如此深刻，另一方面又不免認為其繁瑣。如果把一個道理講得玄之又玄，也就遠離了世間人情。

我自認屬於凡夫俗子，欣賞簡淺明確的觀點；常識便為我所喜，對佛學這樣莫測高深的學問，則始終不得其門而入。只因華人千百年來受到佛教的薰習，流傳了不少琅琅上口的話頭，我也樂得信手拈來，加以引申和重新詮釋後再推而廣之。

人生貴在有一個健康的身體，同時隨時保有清明的意識，由此用感性去欣賞世界、用理性去改善世界；如果可能，更用悟性智慧去照亮世界，後者即是我所謂的「精神不朽」。

生活的執著

「貪、瞋、癡、慢、疑」，佛家稱為「五鈍使」或「五惑」；它們包括貪心、生氣、癡迷、驕傲、猜忌等，這是人人都會犯的毛病，值得進一步推敲。

「眼、耳、鼻、舌、身」等五種身體官能及其感受，搭配上「色、受、想、行、識」等身心方面的領略，便構成生活中各種利弊得失。接下去的兩章，我想先挑選一些生活的弊端缺失來談，也就是對於生活的執著與沉淪之處加以發揮。

中國佛家思想源自於傾向出世的印度佛教，其所看見世俗人生多為苦海及火宅，世間似乎沒有什麼好留戀的。因此他們對於人生的陰暗面講得較多，我姑且拿來借題發揮，希望人們深切反省、自我惕勵。至於人生的光明面，以及可以積極有所作為之處，儒家的討論相當豐富，我留待後面四章系列鋪陳。

現在要談的「貪、瞋、癡、慢、疑」，佛家稱為「五鈍使」或「五惑」；「使」指煩惱而言，也就是執迷於事象的種種困惑，它們包括貪心、生氣、癡迷、驕傲、猜忌等，這是人人都會犯的毛病，值得進一步推敲。

一個人陷入貪婪無度當然不好，但妙的是佛家講的「貪」原本指向「五欲」，也就是「色、聲、香、味、觸」，這些正來自「眼、耳、鼻、舌、身」。五欲由五官而來，要人不貪，必須切斷這些欲念，大家或許只有出家去修行。問題是我們大部分人對生活不可能徹底割捨，於是只好跟五欲和平共存；而此時強調不貪婪，只是「不過度」的意思。

什麼是過度？我小時候聽到的一句話即含有此意：「貪心不足蛇吞象。」蛇吞象當然自不量力，但是大蛇的確有能力把兔子等小動物吞進腹內慢慢消化，足見蛇類耐力無窮。對於五欲部分，老子古有明鑑，他發現「五色令人目盲，五音令人耳聾，五味令人口爽」，因此勸大家盡量「為腹不為目」以「去彼取此」，亦即重視內心樸實生活，揚棄外在浮華誘惑。

此處言及老子，老子的思想足以代表道家，另外一位偉大的代言人則是莊子；他的人生境界為「至人無己、神人無功、聖人無名」，一切都可以超然於物外，這就是不貪。

中國思想主要分為儒、道、佛三家，儒家入世、佛家出世，道家則主張避世；當佛門弟子選擇出家以無求於人，道家人物則更進一步，達到既無求於人，亦不為人所求的高妙境地。

不過在現實人生中，大部分像你我之屬的小市民，無不是「人在江湖，身不由己」，既有求於人，亦不時為人所求。這種情況可謂煩惱不斷，當然希望去之而後快；但若終其一生皆如此，將如何是好？

例如為民公僕的軍公教人員，以及各種服務業，幾乎每一天都必須跟別人產生關聯，要如何方能化危機為轉機、化煩惱為菩提？我的常識之見主張「有所為，有所不為，為而不有」，學會適可而止，懂得隨時放下。

貪戀五欲雖然是身體上的過度接觸，比方說大吃大喝等等，但它所帶來的其實是精神上的滿足。例如勸人戒菸，對方明知抽菸傷身，但表示不抽菸更傷心，所以總是剪不斷、理還亂，難以根絕。此刻不是要他徹底斷念，而是希望他瞭解「留得青山在，不怕沒柴燒」的道理，適可而止。

在我看來，「色、聲、香、味、觸」五欲並非大問題，另外一種「五欲」的說法，比較值得改過遷善，那便是財欲、色欲、飲食欲、名欲和睡眠欲。其中飲食欲可歸入色身五欲化解之，色欲留待後面「戒淫」時再談。至於睡眠一事，現代人貪睡的原因乃是睡眠不足，許多人都嚮往「事少錢多離家近，睡覺睡到自然醒」的理想上班族生活；偶爾貪睡絕非罪過，反倒是睡眠太多有礙健康。以下我想談的，只有貪名與逐利二事。

平心而論，若要我在名與利二者之間做出選擇，利對我較具吸引力，但也不至於到一心逐利的地步。而貪名之事則是唯恐避之不及，理由無他，「人怕出名豬怕肥」；名氣讓我怎麼想怎麼不對勁，總覺得渾身不自在。事實上我也沒啥名氣，偏偏姓氏特別，讓別人見到不注意也難。還有一樁困擾之事，那就是在稀有姓氏之外，名字倒過來念竟然跟一位同姓的名導演同音。

這位導演起碼比我年輕一輪以上，但是他的名氣卻比我大得多，以致我走到哪兒，都有人見到姓名卻喚錯。更離譜的是，有些學生我教了一學期，到頭來繳作業卻連我的姓名三個字全寫錯，你說我要不要當掉他？姓名雖然只是代表一個人的文字符號，但是名實相符乃是對他起碼的尊重。無奈我也不善於記住別人的姓名，說來著實慚愧。

談到利，不外賺錢養家活口；雖然我也偶爾買張彩券作場發財夢，卻不會癡心妄想大富大貴。倒是總有些讓我不平則鳴的涉利情事，一是身為薪水階級守法繳稅，卻不時看見高官不清廉；二是同樣身為教師，私校教師退休後卻無法享有軍公教的月退俸待遇。

這些事情看來甚小，卻都是我們這些小市民的真實體驗感受，也都屬於常識之見。如何把直覺的常識之見轉化為領悟的智慧觀照？我主張「退一步海闊天空」，也就是簡化與淨化自己的心境；沒有太多求索，亦即「不貪」，就不至於太大的失望。像我決定盡量少賺外快，相對也就少繳稅；而賺來的錢有計劃地儲蓄，也就等於為晚年著想。凡此種種，或可謂「澹泊名利」。

瞋

「瞋」指瞋恚無忍，亦即動不動就跟別人生氣。我這個人除了偶爾去下幾注彩券作點發財夢外，很少會跟別人生氣，所以在「貪、瞋」二者上，算是沒有太多執著。說起生氣，當然小小的情況在所難免，但勃然大怒則絕無僅有，因此我算是個性情溫和的人。只是外表粗鄙，不免讓人敬而遠之，我也樂得自求多福，少與人親近。

說起發脾氣，一生中彷彿只有兩次經驗，但終歸無效。話說我服役時在軍校當教官，教一些毛頭小伙子國文課；這些國中畢業入學、比敘於高職生的學生兵相當調皮搗蛋，上課總愛胡鬧；有回我忍無可忍，大力敲打講臺，以我的少尉官階威脅他們，再鬧便送軍法嚴辦，如此果然安靜了二十分鐘直到下課，但下回又故態萌犯。不過軍校生雖不喜上課，幹起活兒來卻十分勤快；相形之下，我在受入伍訓時老想打混摸魚，不免慚愧。

另一件事發生於退伍後，我當了三年上班族，在一家電視臺旗下的子公司做小職員，負責寫雜誌稿和協助製作節目。有天來了個年輕的製作人，父親是母公司的高階主管。此君仗著父蔭經常頤指氣使，一日他又來挑東揀西，我一怒之下重重拍擊辦公桌，同事們都嚇一跳，對方也怔住了。只可惜我這個人沒啥出息，自己不具定性，居然噗哧一聲笑了出來，事情也就不了了之。

既然連跟別人生氣動怒都裝不像，日後就少來這一套。事實上，不生氣有兩層意義，一方面是不跟別人計較而生氣，另一則是不要讓別人找碴而生氣；前者令自己「退一步海闊天空」，後者令對方「伸手不打笑臉人」。總而言之，凡事以和為貴；想想看世界之大，人生苦短，犯不著同別人爭長道短，留著一口氣去好好享受生活吧！

要不跟別人生氣，說起來容易，做起來還是得有幾分毅力。尤其是生活在都會區的人們，大家緊密聯結，要想和氣相處，真的需要很大的包容功夫。哲學家叔本華（Arthur Schopenhauer）形容現代人的處境，就像冬天裡的刺蝟，要靠在一塊兒取暖，但靠得太近卻又可能刺傷對方。

現代人的資訊取得可謂「天涯若比鄰」，但是城裡人的居住環境卻是「比鄰若天涯」。我曾在一排連棟公寓內住了七年，左鄰因為經常打照面，當然是點頭之交；右舍則由於出入大門不同，七年來從未謀面，更不用提結交。

這種疏離感在都市內很常見，人與人之間除了冷漠，更會怒目相向。記得有回看見一則電視新聞，講兩個爸爸去接課後輔導的孩子回家，因為路邊停車糾紛大打出手，一人舉起磚塊砸向對方，竟然鬧出人命，而兩個無辜孩子卻是同學的時候，心情便覺得十分悲哀。

《世說新語》裡面寫到一則有趣的故事，講一個人既急躁又容易生氣，吃蛋時夾不住也抓不牢，見蛋滾落在地，便勃然大怒用腳去踩，結果氣呼呼地遍踩不著。故事簡單俐落，描繪得栩栩如生，值得我們警惕。其實人生中不順遂的地方很多，這時千萬不可無由動怒，應該仔細想想有沒有其他解決途徑。所謂「有力使力，無力使智」，不要讓肚子裡的脾氣影響到腦袋內的智力，如此才是文明人的生存之道。

「瞋恚」的相對便是「隱忍」，我不認為長期隱忍是好事，因為有時會忍出病痛來，適度的發洩實有其必要。聽說日本有些公司善體人意，會為員工準備一間發洩怨氣的密室，裡面有一只練習拳擊的沙袋，上面可以懸掛員工最討厭的主管相片；進去對他痛擊幾拳、痛罵幾聲，保證神不知、鬼不覺，但是心裡會變得舒坦得多，如此便不易影響工作效率，整體上對公司還是有利。

日本人不時興轉跑道、換工作，只好出此下策；若是在民主的美國，上司如果一味擺譜施壓，不爽者便會拍拍屁股走人。此時做主管的必須懂得協調的藝術，帶兵要帶心，平日多聯絡感情；處理衝突最好是用談判代替對抗，否則容易兩敗俱傷。我學管理時對管理心理和組織行為最感興趣，因為可以跟自己的職場實際經驗相印證，大家不妨找書讀來一試。

瞋恚之心人皆有之，輕重緩急不同而已。像我雖然不跟別人生氣，但並非沒有氣，只是不發作而已。例如在路上開車，有人胡亂蛇行，有人佔住內車道慢行，都不免令人上火。但這只是稍縱即逝的畫面，眼前也只是素昧平生的駕駛人，讓他幾分，或是換道而行就是了，犯不著去計較。聽說有人在高速公路上閃大燈或按喇叭，逼前車讓道，結果碰上兇神惡煞，被對方一路追殺，如此事件聞之甚是恐怖。

社會上乖戾之氣原本盛行，我們犯不著火上加油，不如學得明哲保身、自求多福的好。再說有瞋恚之氣浮上來，不要只顧壓抑，要想法子化解掉，關鍵繫於一念之間。我常講「此念是煩惱，轉念即菩提」，解鈴還需繫鈴人；既然外在環境不易改善，不妨從內心改造起。「忍片刻風平浪靜，退一步海闊天空」，生活當作如是觀。

癡

「貪、瞋、癡、慢、疑」等五惑，是每個人多少都具有的毛病；人非聖賢，孰能無過？知過能改，善莫大焉！這些毛病發作過了頭，便會帶來執著與煩惱；稍微發作頂多引人嫌，倒也無傷大雅。我道「癡」便是執迷於某一件事物，回想自己年輕時，也曾經著迷於看漫畫、收集郵票和泡泡糖畫片，以及到處去找藝術電影觀賞等等；這些行徑與今天的動漫族、宅男宅女、偶像粉絲等狂熱現象，基本上不也類似嗎？

只是三、四十年下來，幾個世代的轉變，如今的癡迷事物可以大幅商品化，不免令人咋舌。有天讀報發現便利商店推出的公仔，竟然可以創造十億元商機；這也正是有人肯花十八個小時排隊購得王建民公仔所創造的價值。我小時候收集畫片，為的是想換一臺腳踏車；結果車子始終沒換成，畫片倒保存至今，也算是見證我的「一度癡」。

癡迷一件事有時會上癮，若是犯法自然不妥；但是成為一種癖好，在民主自由社會裡，只要不擾民，大家也盡量包容之。像國外有人是易裝癖，看多了也就見怪不怪；但是戀童癖牽涉到斲喪兒童身心，理當繩之以法。不過癡迷某個主題，最後成為專家，倒也算好事一件。例如臺灣有鐵道迷、飛機迷、公車迷、蘭花迷、金魚迷、咖啡迷等等，都足以形成小眾文化，甚至出版專研此道的期刊雜誌，用以結交更多志同道合的朋友。

相形之下，我好像對什麼都不帶勁、沒長性，更甭提癡狂成迷了。我維持得最久的興趣是集郵，大約在十年左右，到上了大學便逐漸淡出。如今雖然仍有隨手剪下郵票保存的習慣，卻完全不再作出系統整理；就像我寫文章一樣，隨興所至，信手拈來，沒有「非如此不可」的存在理由。

我對人生不夠豁達，總覺得自己濃得化不開，卻又無法像某些人由癡成癖進而變作專家。我追求雲淡風輕的生活，對很多事情淺嘗即止，也就難以體會個中三昧。其實這樣也好，不曾執著就沒有遺憾。看看茫茫人海、芸芸眾生之中，有人渾渾噩噩，有人庸庸碌碌，有人汲汲營營，為的不外名位、財富、權勢三者。

捫心自問，我不太在乎名位，賺錢則是為了養老；至於權勢，更是唯恐避之不及。我天生崇尚自由，雖然生在軍人家庭，卻從未考慮從軍報國。嚮往自由令我不喜歡管人，更不情願被人管。我很慶幸當上大學教授，得以自由自在；回想二十載正式教職生涯中，有一半坐在主管位子上一事無成，另外一半則坐在書房裡寫出二十本書，你說我該選擇哪一種生活型態去擇善固執？

我曾經提及，自己從事寫作並無意沽名釣譽，但的確有心文以載道、著書立說，目的則為移風易俗、推陳出新。過去十年我先後努力推動生死學和殯葬學的學理建構及社會實踐，就是希望提倡「輕死重生、厚養薄葬」的觀念與作法。

再往深處看，其實說穿了，是想先打破自己貪生怕死的無明執著，然後推己及人，以破除人心迷障。放眼看週遭聞死色變的人不在少數，我就知道事情還大有可為。

在臺灣還可以看見兩種狂熱，那就是政治與宗教。政治與宗教跟人類文明發展息息相關，有為有守可以成為進步的動力，一旦形成狂熱行動便會帶來浩劫。古今中外的殘酷戰事，大多屬於野蠻癡行；至於「以戰止戰」的說法，則更是癡人說夢。

「癡」字在人們心目中，原本就帶有某些負面意義，要扭轉乾坤很難，但我們還是可以在理解上摻入一些積極的元素。說別人癡心妄想，雖然意味執迷不悟，卻也能夠用此去激勵一個人擇善固執。例如孩子成天沉迷於電玩中，還想一路玩上大學；過去我們會罵他癡人說夢，但如今總分個位數就有機會考上學校，也就不算作夢了。倒是進入大學後，如果針對個人興趣全力以赴，說不定還會大有出息。

臺灣自從出了一個全球電玩大賽冠軍後，連大學都成立了設計遊戲軟體的系所；不久的將來，當大賭場來臺投資，博弈相關科系也會應運而生。

過去大家都認為，沉迷於酒色財氣中不可救藥；曾幾何時，吃喝玩樂都成為大學內講授的課程，這次第又怎一個「癡」字了得？

癡心也有令人稱道之處，像對愛情長跑堅持到底的人，我們都不吝給他們祝福。其實我一開始就指出，「五惑」都是個人的小毛病，不過分便無傷大雅，一旦過分則煩惱痛苦隨之而來。像在情場上失意的人，如果能夠好聚好散，也就來日方長；若是非要執著得你死我活，就註定沒有明天。

記得有兩則新聞，一則是離婚律師當街砍死現任女友，結果被判處無期徒刑；一則是離婚醫師明知故犯去嫖雛妓，被依法起訴。律師和醫師都是受過高等教育、在社會上人人稱羨的專業人士，只為一時執迷，不但身陷囹圄，連大好的前途也一併葬送，可謂得不償失。至於一些曾在商場或政界叱咤風雲的人物，犯罪後竟然選擇潛逃出境，從此終生流亡海外，不願面對法律責任。這究竟是癡迷還是頓悟，只有當事人心知肚明。

慢

「慢」指傲慢、驕傲，後者原本屬於不被稱許的說法，曾幾何時，竟轉變為自視「我以身為某某而驕傲」，而王建民、李安等人也不止是「臺灣之光」，更被捧為「臺灣人的驕傲」，因為他們在國際上展現出「傲人的成績」。如此說來，勝利後的驕傲乃是光榮的、應該的，沒有什麼好謙虛的事情。

不過現實中我很少看見趾高氣揚的人，畢竟這是一個人人平等的社會，身處其間，除了富人喜歡騷包外，也沒有什麼值得大力炫耀的；至於演藝人員搶著出鋒頭，人們也只當成是在作秀。一個人盡拿些外在的財貨出來展示，除了少數執迷不悟的人投以羨慕眼光外，大多數人相信會嗤之以鼻的。

不過社會上還是要有一些喜歡自我標榜的人，跳出來嘻笑怒罵一番，或許真能振聾啟聵、發人深省也說不定。這時我就想到作家李敖。李敖從年輕時便特立獨行，喜歡在校園中穿長袍晃盪。他很驕傲地我行我素一輩子，雖然惹上十年牢獄之災，卻也因為著述不斷而博得文名，甚至藉著盛名選上立法委員。當時的立法院充斥著口不擇言的問政之士，但是學歷史的李敖處處講究「拿出證據來」，可謂獨樹一幟。

然而我認為李敖真正獨樹一幟的作法，是他老來不甘寂寞，跳出來組織一個「中國智慧黨」。這點一方面印證了他的聖賢多寂寞，一方面也凸顯出某種智慧之見。放眼看李敖一生好講真話，其實多係常識之見；不少人雖然心裡認同他，卻不敢公開表白。如此看來，李敖的獨特之處，不外即是「從常識到智慧」。

說到知識分子的高傲性格，可以拿李敖的老師殷海光為代表。殷海光在大陸時是國民黨《中央日報》的主筆，來臺灣後成為臺大哲學系教授，跟國民黨內一批非主流派走得很近，後來醞釀組黨，終於惹禍上身，成為無課可教的空頭教授，不久便抑鬱以終。殷海光那個時代尚未流行計程車，出門除了搭公車外，只有三輪車可坐；而他從不搭公車，只雇三輪車，原因是擠公車會讓自己僅有的一點人性尊嚴蕩然無存。

這倒是新鮮之論，不過也由此看出讀書人的一份矜持。我認同讀書人應當保持某種矜持，但此乃道德學問上的自負，而非專門知識上的豐富，更非功名官位上的高貴。名位為過眼雲煙，稍縱即逝；知識各有專攻，無需比高下；我倒是很在乎一個人是否對「生命的學問」有所把握，亦即能否作出適當的存在抉擇，並躬行實踐。

如果說我也有一種傲慢之心，那便是我看不起某些讀書人的媚俗行徑。平心而論，現今考上大學的比例幾達百分之百，可說人人皆有機會讀書，大家都是讀書人。在大批讀書人當中，有少部分以讀書、教書、寫書為業，主要集中在大專院校內。這些人有資格成為具批判性的知識分子，卻也可能淪為隨波逐流的趨炎附勢之輩。

一般民眾人云亦云也就算了，為人師表的讀書人也跟著起鬨，就顯得有失身分。至於高等教育殿堂中的內鬥不斷，甚至鬧到對簿公堂，則不免斯文掃地。過去我在學生時代，以為大學殿堂是知識分子的象牙之塔，大家都是謹守理性行事；後來自己當了老師，才發覺全然不是那麼回事。大專教師的確有著傲慢之氣，但經常用錯地方，弄得誰也不服誰，很少靜下心來傾聽別人的意見，這就是偏執。

回到現實生活裡面來，傲慢當然不是好事，但是過去華人一向以謙虛為美德，如今也有改弦更張的必要。謙虛若是為了藏拙倒也罷了，太過謙虛有時會坐失良機，對自己並無甚好處。恰當的作法是適度顯示自己的才能，從而得以為團體、為社會多盡幾分心力。

目前考大學及研究所有一部分名額是用推薦甄試的，考生使出渾身解數自我宣傳，目的就是為了獲得考官青睞而被錄取。難怪現在電視上的「星光幫」會爆紅，因為他們敢秀、愛現，遂成為年輕人崇拜的偶像。其實只要表現出實力，走紅也沒什麼不好；倒是大陸上有些人是靠著極盡能事地作怪走紅的，那就算是走火入魔了。物極必反，人紅是非多，尤其是網路當道的時代，常搞得「千夫所指，無病而死」，看來出名著實是個負擔。

傲慢的人鋒芒太露，不免招忌，應該學得低調行事才好。儒家要求「先天下之憂而憂」，那是憂國憂民不落人後，當然值得鼓勵；但是道家卻主張「不敢為天下先」，生活要有所保留，方能長長久久。我認為一個有智慧的人，乃是融會儒道二家精華的「知識分子生活家」。身為知識分子，應該有一身傲骨，不人云亦云，不隨波逐流；但是作為持盈保泰的生活家，要盡量保持低調，不與人爭。

知識分子的憂患意識太強，會把自己繃得太緊，這樣子不健康；應當學得自我調適，隨時可以轉化為悠遊自得的生活家。不過生活家太過閒雲野鶴也會悶得發慌，總得回到知識分子的角色上才算踏實。身為大學教師，我一向鼓勵年輕人學做「知識分子生活家」，用小小的矜持去關愛人間，這算不算傲慢呢？

疑

佛家所歸納出「五惑」中的「疑」，指的是一種對人與事狐疑猜忌的心理，這當然不足取法。但是懷疑的態度既屬負面的毛病，也有正向的價值；別的不說，整個西方哲學的源頭，便起始於懷疑。至於跟哲學糾纏了將近四十年的我，也領悟出「在不疑處有疑」的為學態度。

不少人會把哲學跟宗教混為一談，連著名的北京大學都把哲學系和宗教系擺在一道，哲學系主任也是宗教系主任。在社會主義國家，用哲學批判的精神去研究宗教尚可以理解；若是把哲學想像成宗教性的知識，那可就是極大的誤解了。

哲學強調懷疑，宗教要求虔信，二者南轅北轍，豈可同日而語？一個人如果有很虔誠的宗教信仰，也許就不太關心哲學問題，甚至認為哲學是多餘的。我在大一時有個同班同學是基督徒，就抱持這種想法，結果第二年便轉入歷史系，研究《聖經》裡的希伯萊史去了。

這位對哲學無甚興趣的老同學，後來成為廣播界名主持人，還曾經得過金鐘獎，即午夜音樂迷所熟知的楚雲是也。老同學為人溫柔敦厚，在班上很得人緣，尤其喜歡跟同學分享信仰心得。大一結束的暑假，他登高一呼，徵求願意上關渡基督書院參加六天五夜「夏令會」的弟兄姐妹，當下即有三男二女響應報名，包括我在內。

我從小到教堂上主日學，高中還自願參加校園團契，對基督教並不排斥；但是我把「夏令會」想像成「夏令營」，以為是暑期自強活動，到處吃喝玩樂，可就大錯特錯了。事後回想，我在基督書院那幾天的經歷，可以拿三個字來比擬：「莒光週」。當過兵的人大概都上過政治課，每個禮拜有半天是「莒光日」政治教學，一年中則另外再排上整整一週的政治學習，其累人情形可想而知。

我們五個非基督徒，在那幾天內被分別編入基督徒的小團體中，接受從早到晚不間斷的密集培訓，其唯一目的就是要我們歸主。還記得一位姐妹視我為「迷途的羔羊」，要為我「受苦的靈魂」祈禱，我傾聽她的教誨長達二十五分鐘，甚至差點掉下淚來，決心領洗受浸；但就在最後一刻，我那哲學的懷疑心理迸了出來，一切終成夢幻泡影。

其他四名哲學弟子似乎也有同樣的經驗，所以我們熬不到五天就退訓了。這次宗教的洗禮雖然無疾而終，倒也讓我體會到些微靈動。後來我斷斷續續在哲學系又念了九年，從學士修到博士；因為從頭到底都讀輔仁大學，對天主教的奧義多少也有所體會。而當就業任教期間，因為先後跟兩所佛教大學結緣，也就因緣具足地皈依了佛教。

我身為佛教徒，卻無意在本書中申論佛學；一則我對此乃是門外漢，再者我有意紹述自己的自了漢常識哲學，借用佛家的話頭言說，只不過是方便法門而已。何況我信佛教完全是想還願，此事肇因於我曾經花了三年時間，仔細重修父親的前半生自傳《還俗記》，在書中字裡行間，親近了佛法流轉的生命智慧。

家父鈕先銘於抗戰期間戍守南京城，城破乃遁入郊外一間小寺化身出家人，共歷時八個月，終於得以逃出敵境而躲過一劫。此一傳奇事蹟，當年曾以報紙連載小說形式，風行於大江南北；但畢竟還是靠著佛祖保佑，救了父親一命，日後才有我的存在。飲水思源，我信佛教正是為了還願。不過話說回來，我雖然「信」佛，卻對佛教中某些道理存「疑」，輪迴便是一例。

輪迴業報是印度人的觀點，傳入中土前，漢人根本不做此想。老祖宗的確曾經流傳「報應」說，但那只涉及一生一世；「業報」卻涵蓋生生世世，不免成為「生命中難以承受之重」。問題是千百年來佛道二教思想在中國不斷雜糅，更以民俗信仰的型態深入民間，使得許多人都相信有三世因果及六道輪迴。

還記得十幾年前，有一本由美國精神科醫師懷斯 (Brian L. Weiss) 所寫的催眠療法著作《前世今生》(Many Lives, Many Masters)，在全球各地翻譯出版，只有臺灣大賣；原來我們這兒的讀者，十分認同其中的轉世說。後來有位本土醫學作家王溢嘉，對此一流行現象難以苟同，更深深懷疑書中所言已偏離醫學論述，乃撰成《前世今生的謎與惑》駁斥之，總算是讓人們聽到不同的聲音。

我皈依佛教是因為感激一位擁有菩提智慧的偉人佛陀，但這並不表示我在思想上必須接納印度人的傳統觀點。不同的民族間有著歧異的文化，可以相互尊重並尋求對話，但不一定要追求融合。印度人的種姓制度，迄今仍是一道難以逾越的鴻溝；身為局外人，我對這種將人的屬性從本質上加以劃分的作法相當質疑。此外廣義的基督宗教與伊斯蘭教的恩恩怨怨，至今越演越烈，也令我深感疑惑。

相形之下，華人沒有明顯的宗教信仰和階級區分，雖不免顯得世俗，卻令人感到更為親切。不要懷疑你的感覺，去努力做一個在思想上、在信仰上無拘無束、無牽無掛的快樂華人吧！哲學家笛卡兒(René Descartes)拈出「我思故我在」的命題，他由「懷疑」開始推論：我懷疑一切，但是「懷疑」這件事不能被懷疑，而懷疑也需要一個主體，於是我肯定這個在思考及懷疑的我之存在。他從懷疑走向肯定，用的方法是理性思考，這在今天還是亟待提倡的清明態度。

生活的沉淪

五戒要求不殺生、不偷盜、不邪淫、不妄語、不飲酒，固然衝著人生的陰暗面而發，不過現今社會對各種行徑的解讀，由於脈絡的複雜性，似乎難以一概而論。

一個人是否能夠擺脫生活的執著而向上揚昇，或者仍然執迷不悟而向下沉淪，大致上繫於其是否具有清明的自覺。我們通過「自我覺察」以進行「自我抉擇」，由此形成恰當的「自我決定」；缺少這樣的努力，便可能「自絕生路」，再不醒悟則不啻「自掘墳墓」。

信仰佛教除了皈依還要求受戒，亦即遵行一定的戒律。基本的五戒指「殺、盜、淫、妄、酒」，要求自覺地不殺生、不偷盜、不邪淫、不妄語、不飲酒。當初我皈依時曾經猶豫是否要受戒，因為讓我滴酒不沾的確有困難。好在師父說可以用不吸毒取代不飲酒，我便法喜充滿地領受五項戒律了。但是說老實話，要在現實生活中全盤遵守這些戒律，還真得有些意志決心才行呢！

佛教主張不殺生，某些宗教系統卻宣揚殺生以抵制外族侵略。例如蓋達組織積極利用網際網路宣揚恐怖主義，他們將戰犯斬首的畫面貼上網站，藉以吸收願意加入「聖戰」的年輕人；此外更有伊拉克的狂熱伊斯蘭教派穆斯林，揮舞著自動步槍叫囂著，對入侵的美軍與英軍是見一個殺一個。

殺生固然值得商榷，但以戰止戰卻是人類歷來解決爭執的最後方法；有學者甚至認為，週期性的大規模戰爭，可以減少人口壓力。這些看法我們不必認同，但理應深思。

而現今人口爆炸，仍屬全球性的棘手問題。即使不談人口改談狗口，在臺灣令人詬病的流浪犬問題，源頭上還是來自於人而非狗；是人養狗又不願善待之，任其在外流浪或隨意交配，以致形成被捕捉撲殺的命運。回到人類社會，在生活品質不良的環境下生養小孩，豈不也是造業作孽？

臺灣十分流行吃素，有些人認為這是善待自己的養生之道，有些人則肯定其為關愛生命的慈悲為懷。我有年一度堅持茹全素達兩個月又三週之久，因為去大陸講學接受宴飲而破功。其實那一陣子我吃素倒不是基於宗教理由，而是偶然跟學生同桌進素食，再加上剛好讀到一本名為《深層素食主義》(Deep Vegetarianism) 的譯著，論及食肉其實是在吃動物的屍體；而當時我正在寫殯葬學專書，想到這裡總覺得有些不自在，當下便發心茹素。

雖然後來破功至今早已葷素不拘，但是仔細想想，吃素固然對「不殺生」有所貢獻，但是人們所吃的植物，難道不是生命嗎？看樣子，佛教「五戒」中的戒殺，多少是針對「有情眾生」而言，尤其是與你我同屬的人類。可是自古至今，對人類殘害最烈的，還不是我們自己！光是這點，就不免令人質疑人類乃「萬物之靈」的觀點。

殺人固然不好，那麼殺自己呢？自殺其實也是殺人的一種，只不過對象剛好針對自己。我認同哲學家叔本華的思想，對人生不表樂觀；但也追隨他的態度，對自殺表示反對。叔本華以哲學家的理性去分析，發現自殺者通常假定生不如死，因此選擇尋短；然而一旦真的死去，卻無從比較印證上述假定，所以我們還是對生命有所保留的好。

由於叔本華受到印度佛學的影響，認為諸行皆苦；但是他的改善之道，並非去沉思默想或刻苦修行，而是從事哲學思考。回想我選擇念哲學，是否有另一種可能，亦即我原本就在氣質上傾向於思辨臆想，因而走上哲學的道路？而對於自殺的解釋，心理學家佛洛伊德 (Sigmund Freud) 提出主張，認為人類不但有求生的本能，也有求死的意志；自殺究竟是求死的原因還是結果？我也說不上來。

不過我可以確定的是，自己的確曾經想過尋求解脫的可能。只是我那優柔寡斷的個性，一直拿不定主意要如何死法才不會太痛苦，以致蹉跎再三，到頭來不了了之，也就自然打消死意了。但是當我學過哲學，再加上後來又花了十幾年光陰探索生死學議題，如今再讓我反思自殺之事，我會考慮在重病之下實施安樂死或醫助自殺。

「醫助自殺」是一個令人困擾的說法；醫師不是救人的嗎？怎麼會協助別人自殺？事實上，歐洲的幾個國家和美國的幾個州，對此都予以慎重考量其可行性。因為有人得了不治之症，痛不欲生，希望長痛不如短痛，不打算接受安寧緩和療護，此刻由醫師協助進行自我了斷，便成為另外一種選項。由於安樂死是請救人為業的醫師動手，不容易得到大眾認可；醫助自殺卻是交給病人自己執行，相信有著一定的嚴肅意義。

安寧緩和療護主要係針對癌末患者，但是其他慢性病患卻大多不適用於此項服務，卻依然活得很痛苦，甚至可說是「度日如年」。我過去有一位單身的老房東，遇車禍後行動不便，被遠親變賣家產，就將他送至安養院不管了。老人多病纏身，但覺生不如死，每次我去探望他，便要求我跟醫生商量讓他安樂死。此話一講就是十年，我聽了甚感不忍，卻又無可奈何，只好盡量安慰他。

事實上，安樂死在西方國家有相當長的歷史，像著名的英國哲學家培根 (Francis Bacon) 即為其倡導者，二十世紀甚至有專門的倡議組織出現。後來不幸遭到納粹政權誤用，令人一聽到「安樂死」便聯想到大屠殺，形成洗刷不掉的污名化。不過我總認為一個人生下來雖然身不由己，死亡的權利卻應該操之在我；我並不贊成輕易尋短，但是對於不想活著受罪的安樂死與醫助自殺等重大生死抉擇的問題，卻鼓勵每位讀者朋友對之加以慎思、明辨、篤行。

盜

沒有什麼堅強的理由而殺人或自殺，可視為生活的沉淪；但是戰爭行為和了此殘生，卻有著相當大的議論空間。「五戒」固然衝著人生的陰暗面而發，不過在現今社會裡，對其中各種行徑的解讀，由於脈絡的複雜性，似乎難以一概而論。

以現在流行的所謂「非法」影印及「盜拷」各種軟體等而言，在表面上是侵犯別人的「智慧財產權」，明顯地屬於偷盜行為。但是放在宏觀視野上面看，西方國家以跨國企業的姿態，將其開發出來的商品，藉著「全球化」之名向第三世界傾銷，再利用專利及智慧財產等法規加以保護，內在卻隱藏著文化宰制與剝削的利益獲取，也難逃欺名盜世的指責。

其實任何心靈作品一經發表，至少有一部分已經屬於公共財；有期限的保護，令其合理獲利尚無可厚非，長期拿違法的大帽子壓人，就等於變相掠奪了。

仔細分析，偷與盜的行徑仍有所區別；偷是暗中行事，盜卻係公開逞強；也因此強盜罪比偷竊罪要來得嚴苛。不過在一般情況下，偷盜行為皆為人所不齒。目前在臺灣猖獗的已非單純的偷盜，而是心思縝密的詐騙技倆。像有一年中部發生七名無賴以花言巧語，騙得兩百多個護士人財兩失。值得注意的是，此乃集體謀劃的行為，且針對特定族群與對象。護士關懷病人，卻疏於被別人關心；有人藉此趁虛而入，也算是雞鳴狗盜之徒。

還有騙徒利用父母愛子心切，謊稱子女遭逢意外急需用錢，要父母將錢匯入特定帳戶，事後發覺是騙劇一場。在我的印象裡，詐騙事件是最近這幾年才開始流行的新技倆，似乎與社會階層趨於兩極化有關。既然正當做事賺不了錢，只好鋌而走險步向旁門左道了。

「不偷盜」的戒律規範，在指向不同類型行為的要求理當不一樣；因為有些人是為求生存而出此下策，有些人卻為貪圖享受想不勞而獲，所以需要加以區隔對待。就前一種情況而論，不道德甚至犯罪行為的原因，主要來自社會結構，就有必要從根本改善起。

臺灣的政治經濟理念，原本採用孫中山的三民主義，具有高度社會主義理想性，卻在兩岸長期對立的局勢下，逐漸受到西方資本主義價值觀影響。在一九五〇年代美援的不斷投入下，臺灣創造出「經濟起飛」的奇蹟，也開始形成貧富差距。

日後股市和房地產的大起大落，成就了一些暴發戶，卻製造出更多相對貧窮的小市民與無殼蝸牛。每次當我看見街頭舉牌售屋的中年失業男女，想到他們可能一兩輩子都買不起廣告招牌上的豪宅或大廈，就難免要質疑這個社會是否合乎公義？

我雖然是別人眼中的中產階級，卻也一度成為市場經濟下的受害者。回想起我剛拿到博士學位時，好不容易謀得一份教職，希望從此安身立命。就在家人的期盼下，用標會標得的幾十萬元付頭期款，買了生平第一間房子。不料半年後碰上股市大崩盤，銀行貸款利率一下子飆高一倍，令我必須拿月薪的一半去還房貸。結果七年下來，終於吃不消沉重負擔，忍痛將房子賣掉。

七年間房子雖在我名下，實際上卻屬於銀行，這種「住者有其屋」的假象，簡直與三民主義理想南轅北轍，而「漲價歸公」也淪為空談。近年來新聞不斷報導，國有地被拿出來標售，結果都被大財團標得後囤積卻不開發，只靜待地價上漲而坐享其成。這種官商勾結相互圖利的作法，豈不等於比偷盜行為還嚴重的「竊國」？

要討論生活之所以沉淪的原因，就不能不涉及現實因素。生活固然在於追求真善美的境界，但我實在不想一味唱高調，反倒希望直指人心，發掘現實背後讓人不得不沉淪的來龍去脈。我無意指責政府枉顧民生，事實上，臺灣實施多年的全民健保確實令人稱道，連大陸都望塵莫及。大陸雖然號稱實施社會主義，近年卻出現人民看不起病的窘境，甚至有臺商搭機返臺治病；足見我們的醫療服務稱得上是「物美價廉」了。

不過整個民生福祉似乎僅止於此；國民年金聊備一格，養老機構卻嚴重缺乏；治喪費用居高不下，設施場地卻相對老舊。凡此種種，皆顯示出我們的生活水準尚可，生活品質卻相對低落。在各種青黃不接、甚至人謀不臧的情況下，如何不讓老百姓繼續沉淪，更要向上提昇，實為執政當局刻不容緩的改革任務。

談起現實話題，就成為「生活中難以承受之重」，還是換個輕鬆一點的材料：網路活動。如今網際網路內的虛擬世界，其熱鬧與複雜的程度，恐怕較真實世界有過之而無不及。網路上可以拍賣一件小玩意，也能夠買到致命的殺人武器；可以交朋友甚至聯姻，也成為色情援交的媒介。要正要邪，但視上網的人是否心存誠信。

有人上網找援交妹，卻被警察給「釣」到而吃官司；在此情況下，警察是在欺瞞對方，犯了後面要講的「妄語戒」；但是網路交易原本就虛虛實實，想遊走法律邊緣，當然可能得不償失。至於網上交友，感情被對方盜騙而人財兩失的狀況也不少。更嚴重者是被騙出來性侵，由此可見「知人知面不知心」的問題何其多！當然盡想做些壞事的人，還是容易碰到鬼；不過「防人之心不可無」，仍屬最佳自保之道。

淫

說到「不邪淫」或「不淫邪」，不同的人可能會有極端相左的見解；其思想光譜在泛道德主義和基進派之間，存在著各種程度的好奇與探問。

我有一個同學生性浪漫，女友不斷，後來想定下來結婚了，便選擇將門當戶對的女孩娶回家做賢妻良母，沒想到一開始就出現失和的局面，彼此適應了許久才漸入佳境。原來個性保守的太太對房事的態度，僅侷限在傳宗接代上，與浪漫的先生希望盡情享受魚水之歡格格不入；兩人從行房要不要開著燈辦事，便鬧得不可開交，其餘更可想而知了。

夫妻關係為人之大倫，人倫即肇端於夫婦；而夫婦之間的敦倫之樂，究竟要止於何處，始合乎「不邪淫」的要求，誰也說不清楚。「邪淫」中的邪念，大致指將異性物化，失去了靈肉合一的情感交流；不過在光譜的另一端，「柏拉圖式的戀愛」，也可能走火入魔。

「柏拉圖式的戀愛」不見得源自希臘哲學家柏拉圖(Plato)，而是將他的哲學思想加以活學活用的兩性關係實踐。柏拉圖的哲理思想與一般人的常識之見大異其趣；人們視為真實的事物，他卻當作虛幻影像；人們視之抽象難解的觀念，他則奉為真理知識。簡單地說，柏拉圖心目中的真正知識，必須能夠以不變應萬變，也就是找出變化的現象背後那些不變的道理。他認為感官經驗捕捉到的，只是虛幻不實在的現象，唯有理性思辨方能真正契入事理之中。

這種學說稱作「觀念論」或「唯心論」；柏拉圖堅信，只有能夠代表多樣事物的共同觀念，才值得哲學家關注和研究。我每次上課時講到這裡，便指著桌子上我的水杯，以及同學們手中各式杯子為例說明，我們的杯子都有可能打破或壞掉，只有「杯子」這個概念永恆不變。此派哲學家認為，各種概念才是真理的代表，以及深入探索的對象。

哲學真理如何跟愛情扯上關係？原來柏拉圖認為人類對於觀念的認識，乃是靈魂的高級作用；至於通過身體感官經驗到的森羅萬象，則屬等而下之的常識之見，不足以讓哲學家費神。妙的是柏拉圖最有名的得意門生亞里斯多德（Aristotle），頭一個跳出來批判老師的思想太極端；他主張抽象的觀念固然值得哲學家重視，但具體的世界則是抽象作用的對象，不能一概視為虛幻而忽略其實在性。

亞里斯多德跟他的老師柏拉圖之間的立場爭議，因為一句話而令人印象深刻：「吾愛吾師，吾更愛真理。」後世學者將柏拉圖視為觀念論或唯心論的代表，而稱亞里斯多德為「實在論者」。

從我所認同的常識觀點回顧，當然相信亞氏的論點比較站得住腳。但是西方哲學卻對柏拉圖評價甚高，推崇其思想具有原創性的深度；甚至認為後世所有的哲學學說，不過是他的思想之註腳而已。

我承認柏拉圖的思想很有慧見，而推崇不食人間煙火卻能夠心有靈犀一點通的戀情為「柏拉圖式的戀愛」，也屬於很有意思的說法；但在現實世界中，它卻可能出現過與不及之處。在我看來，對異性產生觀念上的遐想，不及之處會流於單相思，過分之處則是投以意淫；前者可進一步開展為真實的戀情，後者只有看當事人是否能夠適可而止，以免自尋煩惱。

平心而論，兩性交往由愛到性似乎自然而然，由性生愛也算差強人意；至於柏拉圖式純純的愛卻似有若無，為性而性則轉眼成空。道學先生常勸人言「萬惡淫為首」，不過時至今日，網路上充斥著色情網站，孩子隨時可以點選；街頭上搔首弄姿的女體廣告，以及書報雜誌和電視中具暗示意味的宣傳圖文無所不在；其社會影響的效果，往往比學校教育大得多。

心理學家佛洛伊德認為生命具有性愛與死亡的本能，因此特別藉著希臘的愛神與死神之說發展其理論；而性教育與死亡教育在當今西方國家中小學裡，也受到同樣的重視。

我主張把理想的性教育擴充為「愛」的教育，而「愛」的核心價值乃是「關懷」，具體落實則走向「關心」與「照顧」。唯有通過關心與照顧的生活實踐，一時的愛情才得以提昇為一生的恩情。當有情人終成眷屬之後，愛情逐漸褪色，恩情日益增長。恩情便是感恩的心情，感謝你選擇了我，也慶幸我選擇了你。

語言是人類獨特的溝通工具，地球上有極多種語言，構成相當複雜的人際關係網絡，而語言的基本功能，即是讓人際關係順利運作。隨著科技的不斷進步，人類語言已經轉化成各類資訊，通過不同的管道到處流動；像報紙、電視和網路，便是現代人經常擷取最新資訊的管道。以網路為例，其迅速流通及無孔不入的特性，讓居住在世界各角落的人無所不知；但是其資訊卻有可能以訛傳訛。

近年流行一種由網路人口集體創作的「維基百科」(Wikipedia)，確實開闊了人們的視野；但是集體創作並不保證它的內容一定正確無誤，尤其當錯誤尚未被更正之際，積非成是的資訊卻早已到處流傳了。為了遏止學生只上網找資料卻不肯花心思讀書的歪風，美國有些大學甚至明令禁止學生只採用「維基百科」的內容寫報告或應考，否則不予計分。

我寫碩士及博士學位論文的時代，也就是二、三十年前，網際網路在臺灣尚未出現，甚至聞所未聞。研究生的標準作法是上圖書館翻閱書籍與期刊文獻，然後記在一張張卡片上。我嫌卡片太厚重，便將專書及論文的索引分類列於活頁紙上，寫作時系統地檢索，十分方便。如今這些檢索工具我依然保存，以懷念那段苦中有樂的自學時光。

還記得我為了蒐集博士論文素材，跑到美國一所大學的圖書館內，泡了大半個暑假，影印上千頁文獻，帶回來一一加以分析歸類。那時候臺灣找不到的資料只好出國尋訪；相較過去資源匱乏時的無以為繼，現在資訊泛濫下的無可適從，還真的在考驗學生的統整能力。只是我很反對研究生僅從網路找資料卻不肯讀書，因為網路實在太容易以偏概全了。

佛教勸人莫「打妄語」，其實就是要人們少「說瞎話」。瞎話有很多種，存心騙人是一種，以偏概全則是另一種。一個人若想有清楚的判別能力，主動接受教育是可行的途徑，但是教育的內容也可能被扭曲蒙蔽。

曾讀過報載日本琉球沖繩島有十一萬人上街抗議，原因是日本政府在教科書中，抹殺了二戰時要求琉球人「玉碎」的悲慘史實。戰爭末期日本已註定失敗，美軍準備登陸琉球再進攻日本本土，日軍遂到每戶人家中發給一顆手榴彈，要求全家集體引爆以效忠天皇。部分倖存者認為此事極不人道，卻在歷史上完全被漠視，乃出面抗議，竟引起大多數人共鳴，始蔚為新聞焦點。過去臺灣的「二二八事件」也有此類遭遇，但如今已獲平反，且訂為國定假日，悲情理當得到疏解。

某些政治事件，明顯是一個政權或政黨的錯誤，但不能因此構成其原罪，否則便犯了邏輯上的「本質主義的謬誤」。簡單地說，我們不應只根據一個人的出身，就斷定他未來的行徑，因為時空因素不斷在改變。就像過去大陸上以「成分」（如「黑五類」）為人定罪，或有一陣子臺灣以「省籍」判定忠奸；這些都是思緒混亂所致，若是拿到檯面上來硬拗，就屬於「打妄語」了。

有人說政治和外交辭令不必太在意，但是說多了、聽慣了而積非成是，多少會左右選情，甚至有可能影響及未來的國計民生。現在的政治人物為求勝選，可以不計手段地攻訐抹黑對手，偏偏有不少選民喜歡這種刺激的「羶色腥」操作手法。結果大家一味看熱鬧，讓民主選戰變成八卦扒糞大秀，有利於民生的議題再也不受重視，如此選舉實在不辦也罷。

宏觀政治上的「打妄語」，其實在微觀的組織中也屢見不鮮。無論是機關團體或是公司行號，沒有不打小報告抹黑中傷他人的情事；而自視清高的教育場所，也有過之而無不及。組織內的中傷言語，以抹黑及抹黃為主；亦即指摘他人涉入金錢或緋聞的糾葛，我自己便曾身受其害。也許我的造型及作風不夠資格列入好色之徒，覬覦者只好盡量把我打成貪財之屬。

當年我身為學校主管，竟有另外一名不相干的主管，在會議上公開揭發我拿學生送的金項鍊；由於開會時我不在場，子虛烏有之事也無從答辯，但不久上位卻聽信片面之辭，打電話勸我辭掉行政職。我想這還是一所佛教大學，主事者居然為妄語所惑，實非久留之地，乃毅然決然連教職一併辭去，以免日後再被人落井下石。果然數月後我又遭指責縱容學生抄襲，好在我早已離開那個是非之地了。

「千夫所指，無病而死」，著名藝人阮玲玉因為「人言可畏」尋短而香消玉殞。對於閒言閒語、蜚短流長，我想起碼要秉持「害人之心不可有，防人之心不可無」的原則行事與處世才好。我身為大學專任教師，一向認為行政職務不過是兼差，隨時可以撤除或放棄；偏偏有人視之為恩寵「做官」，這只能說是彼此所見不同吧！倒是教書為良心的事業，不應在課堂上打妄語而誤人子弟，否則要下十九層地獄。

我上課及寫書總是強調言無不盡、我手寫我心，但是身邊的人總批評我太童騃單純，容易吃虧受騙上當。我在想自己所擁有的，都是一些精神性財產，有啥好騙的？至於物質財產，只不過是準備養老的家當；我沒有子女，死了也帶不走，到頭來還不是散盡人間，又有什麼好留戀的？

酒

佛教勸人不飲酒，未免太不近人情；若說不吸毒，我還可以接受。由於菸酒不分家，抽菸應不算吸毒；而飲酒不過量，則屬人間樂事。飲酒絕非壞事，像天主教作彌撒領聖體聖血，後者即代之以紅酒。而醫師也建議每天小酌紅酒，對防治心臟血管疾病大有助益。坊間最常聽到的是要人酒後不開車，以免釀成大禍。這點我絕對同意，因為飲酒過量的確會嚴重影響判斷力。

記得我有次酒後騎機車返家，半途拋錨只好改搭計程車。次日回去牽車，才發現油門線已被我硬生生地扯斷。大概是我在享受飆車之樂時拼命加油，用力過度而斷裂。好在是線斷了，不然性命也許就此中斷。但是對我而言，偶爾跟朋友喝點小酒，然後接下別人遞過來的香菸和檳榔，吞雲吐霧及大口咀嚼一番，確實是一種享受。我平常極少主動取用香菸與檳榔，然而一旦有了酒意，便自然成為「伸手牌」了。

或許是現代都會人的鄉愁吧，我經常把飲酒跟喝咖啡想像得比較浪漫；但我自己卻是一個毫無品味的人，什麼醇酒咖啡，對我而言都是一個樣兒。再說我嫌烈酒太辛辣，偏愛喝紅酒及啤酒，因此被視為不會喝酒的無趣之人。大家都說酒不能混著喝，否則容易醉；我卻經常拿紅酒配啤酒，還自詡為特調香檳。不過有回到大陸去，卻真的把我給喝垮了。

那是某年暑假到天津醫科大學訪問，該校以推廣臨終關懷聞名；我們談生論死之餘，打算來個醉生夢死、不醉不歸。當天由同樣念哲學的副校長設宴款待，他擺出「三中全會」的架式，大中小三杯當前，分別注入啤酒、紅酒及白酒，然後由小到大一飲而盡。不消說，這種喝法幾個輪轉便掛了；我回到賓館躺上五小時才清醒，聽說那位副校長送客到校門口，也跌坐在地不省人事。

我向來喜歡大碗喝酒、大塊吃肉，認為如此一來才稱得上過癮，不過在別人看來簡直粗俗。就像臺灣人拿紅酒大口大口地乾杯，雖然為法國人創造了無限商機，卻同時也被洋人所看扁。話說回來，何謂文質彬彬？何謂粗魯狂野？用高腳杯飲紅酒、用蓋碗或聞香杯品茗，才算得上是有氣質的人？對此我持平地認為，一個人理當形式與內涵兼顧，但是不應矯枉過正，尤其避免矯揉造作。

佛教主張不飲酒，是防止信眾酒後亂性，這也可引申至所有麻醉人心的事物，包括吸毒。我從大學時代開始喜好飲酒，至今三十多年，終於弄得高血壓、脂肪肝、痛風等後遺症上身，只好盡量忌口，但並未戒酒。因為我知道自己不曾上癮，何戒之有？由此觀之，我對吸毒一事，總認為不可思議，尤其不解為何有人會上癮？

上癮是一種心理依賴，卻會出現生理症狀，它間接證實了身心一體、圓融無礙的重要。我的毛病之一是耐性不足、專心程度不夠、意志力不堅定；不過如此一來，對任何事情要執著到上癮也不容易。印象裡唯一接近上癮的事物是可樂；因為可樂中含有咖啡因，有一陣子我起床後非要喝一口可樂方才清醒，這大概跟有些人在床上先抽根菸或喝杯咖啡再下床的習慣，有著異曲同工之妙。

說到身心一體、圓融無礙，我又要推廣飲酒之樂了。雖說「酒逢知己千杯少」，但大家還是應該量力而為，以七分微醺為最高境界。我很同情那些一杯就醉的朋友，更為滴酒不沾的人感到遺憾。不過事情也勉強不來，而貪杯者則物以類聚。過去我在中南部教書時，一週至少住校三天，到了晚上讀罷書，便到同事房間去串門子，並以酒食宵夜助興，結果三年下來吃喝成了啤酒肚。

多年後有回我去山東講學，抽空前往青島旅遊，正好趕上一年一度的啤酒節要收尾。節慶最後一天中午，我在會場花六十元人民幣，點了一杯一千五百毫升的黑啤酒，邊暢飲邊打電話給當年住校期間的同事酒友，遙想過去的歡樂時光，而這時我也終於瞭解李白「古來聖賢多寂寞，唯有飲者留其名」、「人生得意需盡歡，莫使金樽空對月」的慨嘆了。

人生正是因為其不長久、不完美、不充實，才益發顯示出有可能讓每一個人去創造意義與價值。我只是一介凡夫俗子、常識中人，對聖賢才智的生活型態無甚興趣，一生但求平安壽終、死而無憾。就本章所談論的「生活的沉淪」，我想自己是會加以克制的，也建議讀者朋友再思而後行。

現代人行色匆匆，「三思」稍嫌多，但僅僅「跟著感覺走」也有危險，經常自覺地反思一兩番也就夠了。

生活的規範

生活規範可以擷取體現人類「惻隱之心、羞惡之心、辭讓之心、是非之心」的「仁、義、禮、智」四端之說，再加上同樣重要的「誠信」，構成人們知所行止的依歸。

仁

前面四章我借用佛家的分別名相，引申陳述了有關用於生活的感官作用、對於生活的身心領略、陷於生活的執著煩惱，以及影響生活的向下沉淪等等常識之見。佛家雖屬外來學問的本土轉化，但有其智慧上的深度，值得我們參考反思。接下去的四章我將關注焦點轉移到儒家思想方面，用以探討生活的規範、推廣生活的態度、省思生活的關係，最終希望促成人生的全面開展。

對於生活的規範，我擷取孟子的「仁、義、禮、智」四端之說、再加上現代人所看重的「誠信」，構成人世間知所行止的依歸。在孟子的心目中，「仁、義、禮、智」分別為人類「惻隱之心、羞惡之心、辭讓之心、是非之心」的體現；倘若一個人缺少如此良知與良能的生活實踐，則落入悲哀的「非人」之處境。

孟子為肯定「四端」，舉了一個鮮活的例子：見到別人的小孩跌入井中，我們會不顧一切地伸出援手；一旦將孩子救起，便覺得相當欣慰，而無意計較是否有所回報。這個例證間接說明了孔子有名的教訓：「己所不欲，勿施於人。」依照邏輯分析，與此一教訓等值的說法即是：「施於人者，為己所欲。」順著孟子「人性本善」的思路看，人之所欲中最基本的「四端」，乃生於良知與良能，亦即不必學就知道、不必教就會做的事情。

「四端」正反映出人性本然，也就是人之所以為人的基本條件。如果一個人違背本性，該表現善行的時候不做，或者有意躲避不做，說得嚴重一點，簡直就不配稱為「人」了。依此觀之，放眼看人間，不夠格作為人的還真不少；由此可見，中國傳統儒家思想，尤其是孟子的立場，的確呈現出高標準，其目的應是讓人們「取法乎上，得之其中」。

「性善」是相當理想的說法，面對社會上隨處可見的作惡行為，儒家的理想很難讓人心悅誠服。不過理想之所以為理想，正是希望世人「雖不能至，心嚮往之」。所以近年有學者提出以「向善」的說法解釋「性善」，如此用動態的情意取向來彰顯靜態的人性本然，倒不失為指點人生方向的可行之道。「仁」的本意是廣義的「愛」，早期的儒家學說幾乎完全針對人倫關係而發，有關仁愛的探討遂成為議論核心，像《論語》中言及「仁」的論述便隨處可見，而歷史上更不知道有多少學者在這個概念上多所發揮。

「仁」字由「二人」組成，基本上是在處理人際關係，但是帶有強烈的倫理道德規範意味。西方人把倫理學分為四種主要論點：德性論、義務論、效益論、關懷論，若依此分類，注重倫理面的儒家思想可歸於德性論。

德性論認為，人性中原本即包含一些合乎道德要求的品性或品格，像我們現在介紹的「仁、義、禮、智、信」等即屬之。順著德性開展，就可以表現出各種道德行為；人人擇善固執，倫常自然圓融和諧。

近年各級學校所積極推行的品格教育，正是希望引導學生通過自覺，發現德性以實踐德行。以「仁」為例，每個人捫心自問，都會感受到自己的確是有惻隱之心的，也就是「不忍人之心」。一個社會是走向乖戾之氣的蔓延，還是祥和之氣的充滿，就看仁心有沒有機會得到施展而定。

人們對於醫師的讚譽，是指其「仁心仁術」。醫術高明固然繫於科學技術，但是醫師面對的不只是病，更需要關照到一個完整的人。仔細想想，生病痊癒雖然跟吃藥打針有關，但還是得靠著自身的免疫力發生作用；倘若醫生無微不至，讓病人積極振作，多少會對免疫系統產生正面影響。我們每個人幾乎都曾有過生病看醫生的經驗，「仁心仁術」該當如何界定，相信大家心裡有數。

我曾經在醫學院教過哲學課，聽說醫學生必修醫學倫理學，就跑去旁聽了一學期；結果發現課程是採用協同教學，每週請一位名醫演講，內容大多與醫德有關，也就是討論醫師道德。事實上，醫德要以有效改善與促進醫病關係才算數；否則一個很有道德感的醫師，卻無視於服務對象的感受與反應，恐怕就算不上是好醫師了。

照說惻隱之心人皆有之，為何還有人麻木不仁呢？日本曾經發生過一件地鐵站內傷人事件，傷者奄奄一息躺在地上長達一個多小時，其間有二十萬人經過他身旁，卻無一伸出援手。這反映出人們多半存有「多一事不如少一事」的僥倖心理，加上人來人往，熙熙攘攘，因此讓每個人的同情心都被稀釋掉，心想就算自己不救，也有別人會救。

讀者朋友回想一下，我們自己是否也曾有過類似經驗？有則改之，無則加勉，以免讓良心不安。孟子強調「仁、義、禮、智」，就是激勵世人摸著良心待人處世，莫要因循苟且。人情冷暖、世事炎涼，終歸要回到每一個生命主體的感受上。生活中如果不時感受到仁愛，會很自然地浮現出希望。心隨境轉，境由心生；懷抱理想和希望，就可能主動積極去改變環境，也就有機會創造出更多的仁與愛。

義

「義」的行為反映羞惡之心，也就是表現出好惡的選擇。老師一向教導我們應當「見義勇為」，但是要真正做到，還是需要一定的勇氣。譬如說有人不守公德心，你是當面勸導他，還是充鄉愿不予聞問？

記得有回我去排隊買電影票，見黃牛趁隙插隊，大家敢怒不敢言，一名老外出面制止；黃牛逞兇問道：「你憑什麼管閒事？」會講國語的洋人義正詞嚴答曰：「我不喜歡黃牛！」對方氣急敗壞正想發作，卻發現大家皆怒目而視，只好悻悻然撂下一句：「我也不喜歡外國人！」然後迅速離去，眾人皆歡喜叫好。

做這類正義之事，的確需要一點膽識；比方說指摘別人當眾吸菸，就可能換來一陣白眼或臭罵。而今禁菸到處流行，癮君子反而成為過街老鼠、弱視族群。

義行表示值得稱許的好的行為，臺灣有一位「義賊廖添丁」，在臺北縣八里鄉還特別蓋座廟供奉他，終日香火鼎盛。這位日據時代的「義賊」之義行，乃是殺警奪槍並劫富濟貧，被後世視為民族英雄，因為他敢殺日本警察。

無獨有偶地，戒嚴時期有一名不滿現狀的老兵李師科，同樣是殺警奪槍搶銀行，他自稱拿搶來的錢幫助朋友的孩子出國留學。後來東窗事發被逮捕槍決，好事者循例為他蓋了一座廟，並奉為「盜帥李師科」，希望與「義賊」齊名，以吸引遊客信眾參拜；無奈非但收不到香火錢，還被迫拆除，原來他搶的是中華民國警察的槍，何「義」之有？

這麼說來，一個人要實踐義行，有時還得看時空環境而定。其實根據常識判斷，這也無可厚非；與人爭執時，每個人都相信真理和正義是站在自己的一邊，卻難免會出現盲點。

如果依照古典儒家的要求，行仁義哪裡可以是相對的？它絕對沒有討價還價的餘地！尤其在孟子看來，「義」永遠高高在上，「利」則一無可取。當然在那個渾濁混亂的戰國時代，作為理想主義者的他，有其擇善固執的必要；但是「義利之辨」發展到後世，隨著時空轉換，也就不是那麼絕對了。

聽說孟子十分好辯，他所辯護的內容，就是要君王明辨義利、重義輕利。無奈戰國時期各國無不勾心鬥角，動輒興兵作戰，拼個你死我活；不似太平盛世，人們行有餘力，樂於奉行仁義。

平心而論，如今已走到二十一世紀，重利的資本主義與重義的社會主義已經學會攜手合作，相輔相成。像大陸實施社會主義，卻活絡了市場經濟；臺灣遵行自由市場機制，卻也拿出諸如全民健保之類的社會福利成果。兩岸其實有著更多對話與合作的可能，以促進彼此互利共榮。

說到兩岸關係，在「漢賊不兩立」的年代裡，還有一種稱作「反共義士」的人物。記得二十幾年前大陸東北出現六名劫機犯，迫使一班民航機飛往南韓；這六人宣稱他們是反抗共產暴政才鋌而走險，於是我們便把他們接過來，並封之為「六義士」，每人各賞黃金千兩。要知道那年頭黃金千兩等於身價千萬，大可無憂無慮安度一生。

只是這批「義士」的素質參差不齊，其中有人來臺後作生意血本無歸，決定再度鋌而走險，因而犯了擄人勒索的滔天大罪。他們在「治亂世用重典」的情況下被判處極刑，槍決時竟高喊「中華民國萬歲」。從表面上看，這或許也算良心發現的義行一件。時空轉換，如今大陸已不乏千萬富翁，觀光客一波波出國大肆採購，用不著再用劫機來爭取金錢與自由。

說點正經的，如果「義」指向「羞惡之心」，那可真是一門嚴肅的功課。朱熹註解《孟子》說道：「羞，恥己之不善；惡，憎人之不善。」意思是以己之不善為恥、人之不善為憎；當然這也算是良知良能，不問就懂，不學就會。可是你我做得到嗎？不無疑問。

我捫心自問，雖非律己甚嚴，但也有為有守，卻不見得無過與不及。畢竟「無過與不及」的境界，乃是「從心所欲，不逾矩」，孔老夫子要到七十歲才辦得到，我何德何能敢比擬聖人？

不過真正的問題是，大多數時候我都想不到「恥己之不善」，更不用說做到了。我有時會覺得生活乏善可陳，卻不謀改善之道，反而得過且過，這算不算缺少「羞惡之心」？如果算得上，照孟子的說法，我已不配做人了，事態堪稱嚴重。然而從另外一面看，我多半時候非但不以己之不善為恥，也未以人之不善為憎。尤其是對學生，我一向上課時海闊天空，自由自在，大家也樂得輕鬆愉快。

我在想孟子和朱子心目中的「義」和「善」之標準一定很高，幾乎高不可攀，卻足以讓人「心嚮往之」。如果是這樣，我願意相信人性本善，同時一心向善，近義輕利。

禮

看見「禮」字，許多人便立即聯想到「禮貌」、「禮儀」等事情方面去；中國過去被稱為「禮儀之邦」，但是今日華人社會講禮守法的情況已出現變化；尤其是大陸，舉目所見，無理非法之事不時發生。

「禮者，理也。」禮所反映出來的，乃是一個人對於外在規矩節度的內在修養。儒家的荀子主張人性本惡，需要作「偽」，亦即通過「人為」的禮樂教化以匡正人心。但是放在強調性善的孟子思想脈絡裡，「禮」所彰顯者，乃是「辭讓之心」或「恭敬之心」的良知良能；換言之，禮讓以及尊敬別人，屬於先天擁有的生活本能，不學便會。

荀子跟孟子差了七十多歲，兩人沒有機會在一道辯論；但從主張性善擺盪到另一個極端肯定性惡，或許正是戰國時期天下大亂，面臨「世風日下，人心不古」，而難以避免的態勢吧！就常識觀之，二人其實都有道理。

長期以來，我們接受的正統儒家教育，無疑是推崇孟子而貶抑荀子的。基於朱熹編註《四書》所採取的特定價值觀，孔孟成為道統的一脈相承；而後來開出法家的荀子學說，即使不算異端邪說，也只能視為非主流的另類觀點。

我一直到上了大學，才真正有機會接觸荀子思想，頓時覺得一向道貌岸然的儒家說法，至此才算有人提出不同見解。放眼看世間人心險惡，始知荀子所言較接近實在之論；相形之下，孟子則屬無可救藥的理想主義者。

我也始終認為自己是無可救藥的理想主義者，但我的理想不是追隨儒家的人性本善，而是嚮往道家的自然無為。也許有些讀者會不同意，我經常對彬彬有禮的人敬而遠之，反倒覺得不拘小節的人比較自然親切。

必須聲明的是，我並非離經叛道之徒，只是不情願「媚俗」，也就是隨著別人的掌聲和期待而起舞。身為大學教授有個好處，那就是把書教好，一切便無後顧之憂。如今師生關係淡薄，學生對我無禮，我也不去計較。

上課是年輕人的權利，我並不指望同學來盡義務，來不來上課隨緣隨喜，然而不繳交心得寫作自然沒成績。我改作業的標準，不是看同學寫多寫少，而是看他有沒有參與的誠意。我想這便是最起碼的「恭敬之心」，也就是敬業的態度。

我也不太在乎考試與否，但是期待學生來上課和寫作業，以尋求師生交流。二十多年下來，也許是年齡差距吧，我彷彿覺得跟學生漸行漸遠，許多時候似乎自說自話。近年我除了教書外，同時力行寫作，嘗試跟讀者朋友對話。

因為現在是在講有關「禮」的道理，我才開始反思自己的「無禮」，並且看看是什麼理由造成的。若說我對別人沒有禮貌，倒也言過其實；何況我已近乎可以接受別人讓座的年齡，卻還懂得讓座。我的「無禮」是針對一些看重形式多於內涵的表面功夫而言，比方說在教授治校的時代裡，還有人以為官大學問大；各式各樣的評量評鑑，弄了一大堆指標效標，卻鮮有人問學生的真正感受是什麼。

教書應該是一門渾然圓融的藝術，現在卻搞成吹毛求疵的技術。這時我又想起曾經有兩年光景，在一間佛教團體興辦的小型書院內，大伙兒擺脫禮教盡情揮灑，酒肉不斷卻也弦歌不絕的快樂時光。人生中絕大多數事情都只發生一次，我也沒什麼好遺憾的，寫下來不過是記錄一段雪泥鴻爪吧！

我們一邊大碗喝酒、大塊吃肉，一邊談生論死、改革殯葬。看在佛門弟子眼中，這些世俗化的學者無疑醉生夢死；但是不時論學談心，多少讓我體會到出生入死和了生脫死的真諦。

近三十年的職場經驗告訴我，「道不同，不相為謀」是最佳因應對策，因為人生苦短，沒有幾年好跟別人磨蹭，理當知足常樂、及時行樂，犯不著同看不順眼的、味道不對的人一般見識。別人擋路，閃過靠邊讓他就是；若是太不上道者，便予以口誅筆伐，再也不姑息養奸。這是我的生活底線，也是辭讓、恭敬之心的態度，順其自然就好。

無禮不表示我無理，事實上念哲學的我相當喜歡說理，而我已經學會通過說理進行抒情。因為我認為擇善固執地講理，正是高度的抒情工夫，而這便是孟子所體現的「正氣」。我所想像的正氣，沒有文天祥的浩然正氣那麼偉大，它只不過是心手合一、知行合一的代表而已。一個人若是說一套、做一套，心術必然不正，也就沒有正氣可言。我手寫我心，一以貫之，光明正大，不必遮遮掩掩，始見正氣流露。

正氣出於真性情，這時我就想起一位前任教育部長曾志朗。他當時不願接下高位，理由竟是不習慣打領帶，言外之意是不適應官場作風；果然不久後因為得罪當道而下臺，可見其的確有自知之明。

經常有人勸我謹言慎行；我想慎行應該，謹言則得看情況。充滿媚俗的話語或是一言堂的官場，有什麼好服務奉獻的？像我這種態度，是否又屬另外一種無禮？

智

走筆至此，我不禁想到，前面所寫的隨筆，都是我直覺把握到的常識之見，它們屬於我的生活經驗積累。而生活在現今社會中，總是與別人脫不了關係的，我講的便是一名中年教師的生活所見，嘗試激發讀者認同或批判的心理，進而讓各人走出一條屬於自己的道路。

眼前我在寫一本自我反思的書，希望看見自己，也照亮別人。我無意化身為輔導諮商的「張老師」，或指點迷津的「薇薇夫人」；後者是我們那個年代報紙婦女版的專欄作家，如今大概要讓位給電視上講解星座命盤的「薇薇安」了吧！

閱讀也是一種判斷活動，一邊判斷一邊吸收，如果吸收不下，便棄之不讀。人心判斷的對象，部分屬於事實真假，大多指向價值辨別，而有是非、善惡、對錯、好壞、美醜之分。孟子把「智」的體現歸於是非之心，也就是明辨是非。

這裡所講的「智」，仍著重於安頓人際關係，並沒有太多知識意涵。到了荀子才加以區分，他指出「知之在人者，謂之知；知有所合，謂之智」；「知」字與「智」通，最早用於待人處世方面的明辨是非，以後才引申到認清事情道理的真假。

如今我在此討論作為德行的「智」，看重的不是它對於知識內容的分判，而在於當下直觀的常識把握，以及反身而誠的智慧流露。這完全發生在人身上，也全然針對人；是道德實踐的工夫，而非懂得用功讀書應付考試以出人頭地的能耐。我們的教育活動過去長期以來都獨厚智育，雖然也提倡體育，卻明顯忽略了德育、群育及美育。

若說以前升學主義掛帥還講得通，像我考大學那一年的錄取率只有百分之十五，難怪要拼命念書以擠進大學窄門。到如今幾乎是百分之百的高中生都進得了大學之門，再不落實五育並重就說不過去了。

五育並重其實並不會排斥智育，出現反智的作法；而是讓學生所接受的五類教化相輔相成，無所偏廢。用現在流行的說法來形容，所有的教育都是「生命的教育」；而我更有心去推動的，乃是今日儒家學者所揭櫫的「生命的學問」。

儒家的生命實踐講「內聖外王」，具體作法包括「道問學」與「尊德性」。過去我把這兩者分別想成現代意義下的為學與做人，後來才慢慢領略出傳統上的為學即是學習如何做人；如此看來，一切都屬於德育。這種讀書人的生涯發展方向在中國維繫了兩千年之久，從漢朝一直到清朝，隋唐之後更通過科舉制度而發揚光大。清末西學東漸，講究理性認知的系統知識才開始影響中國人的思維。

西方的理性知識不但開創了無數科技產品，也醞釀出各種政治體制；如今奉行民主的自由主義與實行專政的社會主義，都來自人類心靈的理性設計。當西方人在積極從事多元的心智活動時，中國卻走向閉關自守，滿清後期更與外國為敵，終於引來聯軍入侵，為帝制王朝的覆亡種下原因。當時有一位曾經是小留學生、受過西式教育的醫生挺身而出，堅持「上醫醫國」理想而領導革命，那就是孫中山。

大陸每年十月一日國慶放長假，孫中山的肖像照例放在天安門廣場供人追念。作為共產黨口中的「革命先行者」孫中山，曾經簡單扼要地指出：「國者人之積，人者心之器。」孫先生不是唯心論或觀念論者，他甚至於跳出來做行動派，提倡「知難行易」學說，鼓勵人民群眾搞革命，結果革命沒有在自己創立的國民黨手上搞起來，卻讓共產黨達成目的，難怪老共要紀念他老人家。

孫先生是我們口中的「國父」，國父所言「人者心之器」，確實是一項睿見。它的意義與「知難行易」相通；也就是說，當我們把事理弄清楚後，做起來即方便多了。

傳統上儒家所言的「是非之心」，指的是待人處世的道理，大多集中在倫理學方面。如今社會活動益形複雜，社會科學也相對發達，大家不妨多參照社會科學的研究成果行事。我認為一個人的常識越豐富越好、知識越廣博越好；視野絕對不能過於窄化，以免見樹不見林，作出不恰當的判斷與決定。但是在求知的過程中，必須確定「中體西用」的主從關係，方能成就自家本事。

我長期研究科學哲學，卻始終對過去兩百年社會科學有意模仿自然科學的作法與結果不以為然。年輕時候讀哲學，我相信英美國家的知識三分法，把自然、社會、人文知識視為不同質的；但如今我更傾向接受歐陸國家的二分法，將人文與社會知識視為一體兩面。人文指「人文化成」的文化性活動，發生場所即是各個大小社會，人文與社會密不可分。人文與社會之知是我對「智」的親身體驗；說穿了還是那句話，學習「大是大非」而已。

信

「人無信不立」，這是說一個人缺乏誠信，恐怕在社會上寸步難行。無奈當今社會無信者比比皆是，太相信別人就不免吃眼前虧。如此說來，講求誠信到底好不好？當然好！舉例而言，如果你經常賴帳，發卡公司就不繼續發信用卡給你；一旦手中沒有信用卡，表示你已失去信用，到了美國那種信用卡比現鈔更受人信任的國家，還真的寸步難行呢！

說起誠信，不禁令我感同身受；因為我的名字中有個「誠」字，不誠也不行，否則便名不符實了。

平心而論，我的做人原則最起碼便是待人以誠，否則寧願盡可能不接觸；相對觀之，我最不欣賞別人對我表現得虛情假意。此事只要察顏觀色一看便知，否則聞也聞得出來；既然沒有交流的誠意，還不如敬而遠之，也因此我身邊實在沒有幾個朋友。

《論語》和《孟子》二書中都表示「朋友有信」，這正是交友之道。我雖然好朋友不多，但身邊卻有幾個怪朋友。有一個結交二十年的老同事，中年離異，女兒歸太太養，於是一人吃飽全家不餓，閒錢甚多。此君懶得理財，十年前有天聽說我購屋缺頭期款，二話不說就借給我一百二十萬元，連字據都免打，更不要利息。後來他續弦成家，我很識相地逐年攤還；因為他沒收利息，我便盡力介紹他到處兼課，讓他賺進不少外快。

這事兒原本是我要感激他，結果反倒是他一直謝我引介兼課，令他在學校之外認識許多朋友。「朋友有通財之義」，此話在我與老友之間一點不假；但是社會上確實也有不少朋友合伙作生意，結果反目成仇，甚至惹來殺身之禍。看來交朋友還是少扯上金錢為妙，此外還有兩點也是交朋友之忌，那便是名位與權勢。

生活中的重大誘惑便是「名、利、權」，男人還加上「色」。說也奇怪，我始終覺得名與權既扎手又是沉重負擔，一向敬而遠之；倒是對利與色不乏興趣，但也曉得適可而止。

讀到報上說大陸貪官無不包二奶，情婦甚至有多達十位數者；如此妻妾成群，究竟是享齊人之福，還是斲喪自己？真搞不清楚這些人是怎麼想的。我想多賺點錢，是希望讓夫妻二人老來無後顧之憂。在臺灣，公立學校教師退休後仍可領月退俸，私校目前仍無此好處，我只好自求多福。

至於美色當前，純屬欣賞又不花錢，何樂而不為？毫無疑問地，年輕就是本錢；我在大學教書，成天所見不乏年輕漂亮的妹妹，光看著也會令心情年輕不少。不過一旦這些小女生坐在講臺前，泛著迷惘的眼神，聽我大談生老病死，卻是一問三不知，才發現代溝嚴重；而那紅顏美色，也就逐漸化做夢幻泡影了。

戲言盡於此，還是回頭再來談「信」吧！「信」可以是朋友互信，也包括個人自信。我從小就是個沒有自信心的孩子，所以在上大學之前，連一個女朋友都交不到。後來愛上同班同學，稍縱即逝；跟學妹愛情長跑五年半，卻漸行漸遠。最後在老同學撮合下，認識現在的太太。結婚二十多年，我們堅持無後主義；愛情早已褪色，恩情卻在我心中不斷滋長。

年過半百後，開始對生活有些信心，說起話來也變得比較大聲。過去我寫文章一向述而不作，不喜歡也沒信心去批評別人；現在可好，老是有股不平則鳴的衝動，只能盡量自我克制，做到「時而後言，人不厭其言」的地步。不知道是不是老師當久了而多話，每逢開會就彷彿不吐不快，結果常惹得別人不快。但我一直認為既然是開會，就應當「知無不言，言無不盡」，大鳴大放一番，否則寧可不去開會。

我從前自信心不足，又往往過分信任別人，以至於吃了不少虧，太太便經常為此責怪我。不過我在想，自己一介書生，除了滿腦袋雜念和一屋子書外，根本沒有什麼值得別人佔我便宜的地方。這種心態與我的道家式生活型態「無求於人，亦不為人所求」直接呼應，我也樂得自求多福了。

但我仍然曾經為了信任別人卻不被人信任而耿耿於懷，如今事過境遷，才深深體會到，有的朋友可以論學不能談心，有的可以談心不能共事；至於什麼都搭不上線的，就不夠稱作朋友了。人生苦短，對於那些「不夠朋友」的人，大可不必浪費時間跟他們一般見識，還是及早敬而遠之的好。

根據我的經驗，朋友還是限制在論學與談心兩方面，比較能夠長長久久；一旦共同任職或合伙賺錢，就得有心理準備隨時翻臉。因為友情經常通不過利害關係的考驗，還是保留一點的好。年歲日長，環視左右，也沒有什麼生死之交，就跟朋友維持著「淡如水」的情誼吧！

從信任自己到信任朋友，再到信任政府，這中間跨越了一大步，但是不能不談；因為儒家講究內聖外王，從獨善其身到兼善天下，由格物、致知開始，止於治國、平天下，所以不能不談到政治。自由主義者認為，政府乃是「必要的惡」，一個好的政府，便是事情管得最少的政府，而非事必躬親的政府。然而放眼看去，世界上鮮有不管事的政府，而且越管越多，這或許便是理想與現實的差距吧！

生活的態度

「溫、良、恭、儉、讓」是道德崇高的五種態度；「溫」表守成不進取、「良」表自然不矯情、「恭」表踏實不浮泛、「儉」表簡約不虛華、「讓」表退隱不出頭。

溫

前章所講的五種生活規範，只是借用儒家的觀點加以闡述，希望讀者反身而誠，躬行實踐。值得一提的是，這些規範中的仁義禮智，被孟子提昇至「四端」的層次，猶如人的四肢，缺一不可。尤有甚者，它們還屬於內在的良知良能，天生就知道，也會去做到。這種說法雖然不易獲得科學證實，但卻予人一股激勵作用，願意發心落實各種生活規範。

從德性論倫理學的觀點看，「四端」的確屬於人性的道德規範內涵，具有一些本質的意義。相形之下，本章所要討論的生活態度，可算是一套表現於外的待人處世風格；它們可能會受到文化氛圍與時代風潮的侷限，不能一概而論。換言之，規範近乎普遍的、絕對的，態度卻多為特殊的、相對的。

我所鋪陳的生活態度為「溫、良、恭、儉、讓」五者，此說出自《論語》首篇，用以描繪孔子到各國去論政時，所執持的不卑不亢謙虛態度。孔子的生活環境與今天有很大差異，那是東周春秋時期，施行封建政體，亦即以周王為天下共主，其下依功祿爵位封土建國，世襲傳衍。儒家生涯理想中的「治國、平天下」，即是希望以讀書人「士」的身分，為諸侯國君所任用，進而能影響及宗主國周天下的政策。

孔子年輕時到處去獻策，各國也以禮待之，但卻不曾重用。當他發現自己的理想無法立竿見影，有志未伸之餘，乃改弦更張，通過教育人才的潛移默化，以期達到「爭一時，也爭千秋」的效果，結果成為千秋萬世的偉大聖人。

「溫、良、恭、儉、讓」依字面解，即是溫和、善良、恭敬、節儉、謙讓等五種美德。放在受到中華傳統文化影響的社會脈絡裡面考察，有這些美德的人肯定是聖賢之屬；然而拿到西化程度嚴重的現今華人社會看，此類美德反而成為缺點了。現代人講究的是強勢、奪取、競爭、消費、超越，根本不時興保守謙虛，認為那是弱者的失敗表現。

不過我在此有意積極提倡這類美德，作為生活的基本態度，與其說是本乎儒家，倒不如歸於道家。正是因為現代華人的生活態度，太過於追隨西式的積極進取，我才考慮學習林語堂在《生活的藝術》中用道家自然無為的態度去加以調適；而由儒家美德所反映的生活態度，多少可予以道家式地常識性詮釋。

「溫」字所體現的溫和態度，可引申至「萬物靜觀皆自得」，亦即對生活多保持平和的靜觀態度，順其自然，勿事造作。當然並非事事皆要依此處理，如果真的是那樣與世無爭，就可能會被環境淘汰而徹底邊緣化。在現實生活裡，該爭取的權益還是要爭到底，這主要是指公民的權利、消費者的權益等，至於名、利、權位之屬，還是順應自然的好。

順乎自然的態度是「溫和」，該爭的不爭則流於「溫吞」，後者當然不是妥當的態度。舉例來說，學生考試爭高分、爭第一、爭獎學金都無可厚非，但是這並非一蹴可幾，而是按部就班地學習。學習功課一方面固然要講究進取方法，另外一方面則應該保持自然而然地快樂學習心情，否則弄得患得患失，可能會得不償失。

像求名、得利、逐位之事，有些人顯得樂此不疲；不過有得必有失，想到失去這一切的痛苦，我看還是有所保留的好。溫和的態度通常對事情都有所保留，不會表露過頭；在這一點上，洋人很難體會其意境，而華人更容易對洋人會錯意。西方人不見得個個外向，但是他們的文化卻鼓勵勇於表現的行為。

我曾經到美國短暫留學，上課時只見班上同學有問題便問個沒完，老師也有耐心地一一作答，卻因此耽誤了教學進度。坐在我旁邊的一名年長學生，便對此相當不以為然，認為其他人問的問題沒啥程度，浪費大家時間。但他只能跟我嘀咕，卻不能阻止課堂提問，除非老師有自己的規矩，我想這大概就是人家的校園民主。

對照之下，我們在臺灣上課時，學生的表現就溫和多了；不但少人提問，即使問起來也平和許多，在熱情的洋人眼中則不免覺得呆板。我不想評論孰優孰劣，只想強調民族習性與文化氛圍的因素不應被忽略。

在我眼中，「溫情」作為「熱情」的持續狀態，毋寧是件好事；若是成為「激情」甚至「濫情」加以包裝下的產物，則一無可取。後者的典型代表，包括影視節目、商品廣告，以及政治宣傳中的中產階級式「溫情主義」。溫情主義的弊病，是空泛地提倡一些溫和或溫馴的保守價值，卻忽視社會現實中的不合理現象，而未加以批判。依此觀之，溫和的態度理當是外圓內方，在圓融的態度中，必須帶有一定的堅持，否則就容易流於鄉愿了。

良

「良」固然指向善良的態度，但這不能夠是假裝出來的，而必須由衷而發；既然是由衷而發，就得打心底認同。孟子相信人性本善，反身而誠認同自己善良的一面較不成問題；荀子主張人性本惡，認為人必須通過禮樂教化的矯正，方能為善去惡。別小看這兩種觀點的差異性，它們一旦落於生活實踐中，就會呈現截然不同的取向。

拿組織管理來看，西方談組織行為有「X理論」及「Y理論」之分。前者便假定人性本惡，管理是為了防止弊端，手段以懲罰不法為主；後者則相信人性本善，管理是激勵員工，手段傾向於論功行賞、雨露均霑。但我在前面討論過，人性善惡並非靜態的本體，而是動態的性質，最好是加以脈絡化，亦即考量特定時空下的狀況，再把理想與現實加以調和。

以我任教的體驗為例說明。我是個理想主義者，認為學生到校上課是享受權利而非盡其義務，但是學校卻相當務實且講求效率，所以要求教師堂堂都得點名。這明顯是「X理論」的落實，但我卻衷心擁護「Y理論」，怎麼辦呢？首先我確定「人在屋簷下，不得不低頭」的大前提，否則就應該掛冠求去；其次我發現在合乎情理法的狀況下，還是存在著施展空間。將現實稍加調整，仍有可能把理想融入其中。

我的作法是點名以簽到為之，同時用較有趣味的授課內容，吸引同學有始有終，而非簽名後溜之大吉。至於考試防弊，我則釜底抽薪，出些根本不必作弊的議論題，讓大家自由發揮。如此一來，既合乎學校方面的行政要求，也部分實現了自己教學理想，可謂兩全其美。

孟子和荀子各執一詞，多少跟他們身處的時空背景，以及自己的人格特質有關；不過執中的持平之論，還是比較有伸縮空間，此即告子的說法。告子是孟子同時代的人，兩人有機會爭辯議論，而告子的「性無善無不善」，以及其他人諸如「性可以為善，可以為不善」及「有性善，有性不善」之類的論述，在孟子看來皆不可取。可是用今日眼光回頭審視，那些模稜兩可、語帶保留的說辭，十分接近常識之見，倒是不錯的道德反思與實踐起點。

當下我欣賞孟子擇善固執的態度，卻肯定由告子的常識立場出發，較有可能讓世人改過遷善。用最素樸的常識觀點看，一旦肯定人不是性善就是性惡，倘若人的本性確實難移，那麼教不教、學不學，也就完全起不了任何作用了。如今我鼓勵學生多讀書以變化氣質，正是因為我相信人的心性之中，還有很大一塊未被決定的部分。

讀到孟子與告子辯來辯去，讓告子無從招架的樣子，我彷彿看見古代論學的神氣活現，而這種情景也發生在莊子與惠施身上。重點不在誰贏誰輸，而在於那種論辯的風氣，才可能讓人心注意到善良的一面。不過我總覺得爭辯不如實踐，像孔子用一種謙沖為懷、勸人為善的態度，去到別的國家討論政治，統治者即使不同意他的高見，也可能被他那誠摯的心意所感動。

在教育的領域裡，可以說身教比言教更具有影響力。孔子的德行崇高，跟各國國君談論政治，表現出「良」的態度，其實是指他懷抱著善意而來，完全沒有私心。不過大家都知道，政治圈十分險惡，勾心鬥角、爾虞我詐才是常態。內心一片坦蕩，外表光明正大，在今天只有扮演政論家的批判角色，而不容易進入決策層實現理想了。

然而話說回來，擇善固執的孔孟二人，被後世推崇為至聖與亞聖，並非空有其名，而是經得起歷史考驗的。孔子以德服人，孟子以理服人，他們的努力表現為最廣義的教化人心，使儒者之說成一家之言，流傳至後代甚至海外，影響至今不衰。近年中國逐漸成為強大的經濟實體，各國都搶著要跟他們作生意，於是學習漢語蔚為熱門；而大陸官方見時機大好，也打鐵趁熱，便陸續在全球各地興辦「孔子學院」。

其雖以孔子為名，主要還是傳授漢語為主，但是多少仍有可能將中國文化底蘊的影響擴充出去。臺灣經常批評大陸的文化活動帶有意識型態色彩，卻沒有反省到「去中國化」也是意識型態的產物。中華文化源遠流長，兩岸人民同出一源，實應放下政治魔咒，進行良性互動，以激發彰顯彼此的良知良能。

孔孟二聖無論是以德服人，還是以理服人，其出發點都是善良的，所以我才視其為擇善固執。孔子以德服人的作法，是以傳道授業作育英才；孟子以理服人的作法，則是以辯才無礙直指人心。孟子一系被後人視為「心性之學」，指其依心談性，有點像柏拉圖的以不變之道，觀照變化的世界。孟子好辯，但其道理不脫常識之見，所以一般人才聽得進去。

我也有所擇善固執。回想自己在臺灣推廣生命教育多年，即以儒道二家現世主義精神為依歸，對兩個似是而非、積非成是的觀點，用常識加以批判，那就是「死後生命」與「輪迴轉世」之說。前者顯示矛盾，因為死亡意味生命結束，死後便無生命可言。同樣道理，後者也違反了「假如有來世，那便不是我；假如那是我，就不算來世」的邏輯論證。我相信自己的出發點是良性的，目的為鼓勵世人面對現實、活在當下而已。

「恭」指恭敬，孔子一向謹守禮法，去到別人國家，表現得恭恭敬敬並不足為奇；但要緊的是，他的確是打心底相信這樣子做才是應該的，而非表裡不一的偽善道貌。打心裡相信便是由衷而發，可以稱之為「敬業」。恭敬的態度要體現出敬業的內涵，就足以與他人和睦相處，達於「樂群」的境地。

說到敬業，不少人將「做一天和尚撞一天鐘」的作法，視為不敬業的消極態度，我則有不同看法。我認為倘若一名和尚被分配到的工作就是撞鐘，那麼他把這件事當作必要的修行功課，每天法喜充滿地準時撞出宏亮的鐘聲，就表示他是十分「恭敬」的。臺灣有些行業模仿日本人，訓練員工彬彬有禮，結果只見其形，卻未得其神，這乃是未曾「變化氣質」所致。日本員工以服從為敬業，如果不得其門而入，還是不要有樣學樣的好。

世界各民族皆有一定的習性，華人的處事態度經常會形成「三個和尚沒水喝」，亦即誰也不服誰，即使口服心也不服。一旦不服氣就難以真正服從，頂多作表面文章，外表恭恭敬敬，卻一點也沒有心悅誠服，反倒是危機四伏。

像臺灣近年在許多行業都積極推動評鑑活動，就維護消費者權益而言，讓機關、學校、醫院，甚至殯葬業動起來，力求改革創新，絕對是好事一樁。然而因應評鑑必須做到表裡如一，倘若只有表面功夫，事情就容易被戳穿。理由很簡單，主事者沒有恭敬誠懇的心意，員工當然感受不到任何改革創新的卓越效果，評鑑又怎麼能夠順利過關呢？

「恭敬」的態度如果要表現得令人心悅誠服，就真的需要達到由衷而生的程度，也就是打內心接受。這使我想起古代有一種最重要的德行，在今日是否還站得住腳，那便是孝道。有關孝道的議題，我會在下章的「父子」和「齊家」兩節中再系統討論，此處只就恭敬之心的有無來觀察它。

「百行孝為先」，表示它是華人世界立身行道的最高準則，連黑道「竹聯幫」幫規的第一條都是「孝順父母」。如今問題來了，「順」指順從，孝順父母的內涵是「無違」，亦即在任何情況下都不能違反父母的意旨。然而「無違」必須以「天下無不是之父母」為前提，否則父母叫子女作奸犯科也照辦，那便是「愚孝」了。所以我建議把「孝順」改為「孝敬」；子女尊敬父母，父母愛護子女。把單向的順從，轉化為雙向的互敬互愛，孝道方能與時俱進，不致落伍。

我在前面提及，描繪孔子道德崇高的「溫、良、恭、儉、讓」五種態度，雖然屬於儒家的理想境界，卻可以賦與道家式的常識見解。比方說「溫」代表守成不進取、「良」代表自然不矯情、「恭」代表踏實不浮泛，而後面要講的「儉」則代表簡約不虛華、「讓」代表退隱不出頭。

進一步來說，「恭」代表踏實不浮泛，而「敬」則要求表裡如一。在生活的態度上，我們應學會對別人也對自己表示恭敬之意。其實對別人表現恭敬比較容易。外鑠的恭敬只要達到形式與內涵齊一即可，亦即對別人在態度上和在內心裡是一致的，如此便稱得上恭敬。而別人也可以從我們誠懇的態度中，感受到那份恭敬之意，許多事情也就容易迎刃而解，進而水到渠成了。

我想孔子去周遊列國，雖然事後他自認一事無成，但是多少樹立了一種待人處世的人格典範，也就是不卑不亢。孔子終其一生沒有到處去求官做，在後世千萬華人的心目中，卻比任何帝王將相都偉大，這種不卑不亢卻能夠充分自我實現的工夫，值得我們每一個人學習效法。孔子是如何做得到的？這便牽涉到接著要講的對自己恭敬之道，也就是躬自內省下的豁然開朗。

孔子想在政治上精進不成，接著便轉往教育方面發展，結果立下千秋萬世不朽的功業，這是因為有自知之明。用現在的話講，他體現到最恰當的「自我實現」之處，於是大智慧便得以脫穎而出。以聖哲為標竿，我反思發現自己屬於晚開竅的人，走了不少冤枉路。看別人二十五歲上下便開始步上為人師表的生涯道路，我卻挨到三十五歲才入行，非得拼到六十歲方能步下舞臺。

雖然起步得晚，但依然可以朝向踏實不浮泛的「恭」之理想邁進。我認為時間便是生命，與其花費在協調業務上，不如用心於培植好學生，同時用功讀書與寫作。年紀越大，體力越不如前，我也越發不喜歡拋頭露面，而是希望開卷有益，以及伏案著書立說。如果能留下幾部值得一讀的書，也就死而無憾了。

儉

許多人都聽說過「由儉入奢易，由奢入儉難」這句話，也可以從生活中體驗出它淺顯易懂的常識道理。

我退伍後進入傳播界服務，在電視臺旗下的雜誌社當記者，月入三萬元，還有三個月的年終獎金好拿。那是近三十年前的事情，我成為臺北市新興東區的小資產階級，單身一人，可以買部小車代步，中午照例吃簡餐喝咖啡，晚上還有機會跟同事泡啤酒屋。這種愜意的日子一共混了三年，每天穿梭在廣廈大樓的陰影間，看不盡週遭的紅男綠女，而我的年輕生命，也就逐漸從風花雪月中剝落成一片片鏡花水月，然後化作無影無蹤。

學了哲學的毛病讓我不安於室，總要去追問一些存在的意義。我就打算在編軟性雜誌的公司內，寫些不痛不癢、不用大腦的文章，以終老一生嗎？當然不願意！所以就毅然決然辭職，回頭去念博士班，同時開始在大學兼課，從此走上教師生涯途徑。

話說我恢復學生身分後，生活立刻從中產階級退化至無產階級的程度。小車賣掉了，買公車學生月票成為通勤族，一開始還連乘車站牌都找不著；中午從百元的咖啡簡餐縮食成三十元以內的自助餐，至少過了兩、三個月，才逐漸適應老學生生活。好在書中自有黃金屋，當我一旦浸淫於知識學問的瀚海中，現實裡的困厄，也就不算一回事了。

這段由奢入儉的經歷，使我日後比較容易收放自如，也就得以出入自如了。「儉」指節儉，不但可以落實於物質生活的節省，也能夠反映出心理行為方面的自我克制。當年孔子在諸王面前表現得不卑不亢，應該就屬於有為有守、無過與不及的自制工夫。

現代人在生活中有許多屬於現實面的金錢問題，開源節流、量入為出相當重要；否則不斷透支，到頭來就會淪入無以為繼的窘境。時下有所謂「卡奴」之說，金融界甚至在電視上播公益廣告，勸消費者適可而止，可見問題之嚴重。

身處貧富兩極分化益發擴大的「M型社會」，生活節儉固然重要，我更看重的則係心靈的安頓；何處才是我們的精神夢土？要找尋、要開拓，首先必須從簡化與淨化身心做起。

我覺得在這方面，道家要比儒家高明。前文曾提及，儒家的憂患意識理當用於兼善天下方面，而把獨善其身的工夫交給道家來處理、來安頓。道家是用減法把生活簡化與淨化，如此人人都可以成為「生活家」；儒家則是用加法把生活繁化與人倫化，但不見得個個扮演好「知識分子」的角子，結果反倒增強了生活的壓力與張力。

所以我提倡「知識分子生活家」的人生境界，希望採取「大處著眼，小處著手」的作法，要求每個人量力而為，不要老想兼善天下，反而弄得天下大亂。人貴自知，這其中便包括要懂得自我克制；像我一向希望「無求於人，亦不為人所求」，所以選擇做「自了漢」式的陽春教師。

我的自我生命教育主張生活的簡化與淨化，包括身心各方面的儉樸。作為讀書人，我始終嚮往「澹泊以明志，寧靜以致遠」的生活意境，也努力去實踐它。此外我更樂於推己及人，把這種儉樸的人生觀通過生命教育推廣出去。過去十年我持續在對大學生、研究生以及社會大眾講授生命教育課程，總會強調個人生命是一份寶貴資源，莫要寅吃卯糧，更不應過度斲喪。

有一項生命教育活動我近年大力推廣，那便是殯葬改革下的殯葬教育。此事與生活的簡化與淨化有著直接關聯，因為它所處理的「後事」，正是人生的最後一件大事；為維繫善良風俗，理當用儉樸的方式成全之。

殯葬業者廣結善緣，與道上兄弟亦時有往還；而黑道辦喪事排場之大，電視曾有所報導，我自己更一度目睹。嚴格說來，我參與的只是大型殯葬業者為父親辦告別式，而黑白二道都來捧場；只見六名黑衫客高舉大旗，騎著白馬招搖過市，好不威風！大哥們生意作得大，花把銀子風光一番倒也無可厚非；我們小老百姓要想厚葬，雖不至於傾家蕩產，卻肯定要節衣縮食。

臺灣現在流行火化塔葬，普及率已達七成以上，基本消費額約在二十至三十萬元之間。但仍然有人執著要土葬，在墓地墳頭物以稀為貴的情況下，一場喪事辦下來，非得五、六十萬元不成。試想一般家計年收入多在百萬元上下，五、六十萬的花費便佔去一半，剩下的日子又怎麼過？所以我一直在提倡「輕死重生」、「厚養薄葬」的觀念，希望人們善盡孝心但簡化孝行、看重禮義但淨化禮儀，不要盡搞些鋪張浪費和繁文縟節，最好是採用理想的「環保自然葬」。

環保自然葬主張不立碑、不佔地，火化後骨灰以樹葬、灑葬或海葬處理，完全回歸自然。如果連治喪一併簡化，花費大約兩萬元左右，多麼輕鬆且沒有負擔！人貴自知，並且學會自制，具體作法之一便是生前立下遺囑，選擇環保自然葬，讓後代子孫有所遵循，無後顧之憂，何樂而不為？

讓

在現實生活中，要做到對別人謙讓甚至忍讓，往往是一件困難的事。就拿最常見的開車來說吧，有時候好意放慢速度讓人先行，卻被視為故意擺道而遭惡性超車。而那些嫌別人開太慢擋道的人，又喜歡用按喇叭或閃大燈的不禮貌行徑趕人。如此逞一時之快，有時甚至可能惹來殺身之禍。

美國著名導演史蒂芬・史匹柏（Steven Spielberg）年輕剛出道時，曾拍過一部電視影片「決鬥」，講兩名無聊的駕駛人在無垠的沙漠公路上彼此超車追著玩；他們一人開小自客，一人駕油罐車，小車較大車靈活，所以把大車逗得團團轉；幾回合下來終於惹毛了大車駕駛，打算致小車於死地，結果反倒是自己掉下懸崖而告終。全片沒有幾句對白，只見二車追來追去，充滿緊張，絕不冷場，充分表現出未來電影大師的風範。這雖然只是一部影片，其中情節卻可能發生在你我週遭，值得大家警惕。

身處於高度競爭的社會，謙沖為懷可說是一門生活的藝術，它可以讓我們獲得「退一步海闊天空」的開闊視野，無形中也放大了人生境界。在這一點上，道家的理解比儒家來得深刻。過去儒家學者講究「學而優則仕」，在科舉制度下辛辛苦苦通過考試始能在朝為官；而道家人物卻會採取以退為進的作法，到深山裡面去隱居幾年，博得一個「隱士」的雅名，說不定還會有人上門邀請出山為官呢！

人生之所以有意義，正是因為生命有限；死了便一了百了，大家都該學會放下與捨得。每當聽聞某人得到癌症，我終究無言以對。本來癌症患者就佔去死亡人口的四分之一，四人有一人罹患絕症出現在我們週遭，難怪大家會聞癌色變。其實那只不過是一種不太好受的死法而已，但是我們可以將它盡量轉化為好死和善終，妥善的關懷及照顧便是一計。

事實上，大部分的死法都令人難受，身心備受煎熬，卻也因此使人們體會出「長痛不如短痛」的道理，而寄望走得輕輕鬆鬆，把地球上的位置讓給其他人。我覺得人死後還要佔塊地甚無意義，一旦輪到了我，就連塔位都不打算進住，遺體燒把灰拿去植樹或拋入大海，清潔溜溜，多麼令人愜意！這一切後事料理，均源自我的死後「讓位」哲學；其實生前之事亦當作如是觀。

曾經讀到報載一則有趣的新聞，講重慶市有一孕婦搭車，車擠卻無人讓位，婦人的先生乃央求面前的中年男子發揮愛心，但是遭拒。不過此人卻指向前排另外一名男子，認為他較年輕理應讓座，結果雙方不服，拿出身分證比較長幼，發現前座五十八，後座六十一，前者只好乖乖起身了。此事發生在中國這個一向講究謙讓美德的國家，足見「世風日下，人心不古」。不過我在北京搭地鐵，居然有位小姐對我讓座，令我受寵若驚，卻又不禁為自己早生華髮的老態感到憂心。

謙讓是美德，但是在生活態度上謙虛過頭，就變成了虛偽。中國人似乎很能適應這種口是心非的謙虛辭令，洋人卻聽得莫名其妙。

當華人請洋人到家裡用餐，明明桌上一堆菜，口中卻說沒有菜，所以招待不周。洋人心想不是滿桌菜，怎麼沒有菜？再說若真的沒有菜，那還請我來作啥？一般情況是主人說「沒有菜」，客人回以「菜太多了」，如此便賓主盡歡。但是下回當你碰上這種事，一旦主人說「沒有菜」，你也附議他的說法，保證對方一定翻臉。「沒有菜」是謙讓，只有主人能說，客人卻得另用讚詞，這便是中國人的說話藝術。

其實這一切都可以聯繫上傳統的謙讓美德，只是用現代西方的觀點加以對照，便顯示出它的可能缺點來了。如今說反話或許要限於戀愛中的女人專利，讓男人去猜透她的心意；其他時機跟別人對話，還是實事求是的好。

用隨筆的形式流露出我對於「溫、良、恭、儉、讓」的聯想，又讓我揣摩起孔子年輕時到各國去問政的威儀，以及老來流落街頭如「喪家之狗」

的模樣。孔丘為千古聖人，我們則為眾多「剩人」；夫子是萬世師表，而我則忝為一名自我邊緣化的中年教師，跟他沒得比。我私淑的古代人物乃是莊子，其後的典型則有陶淵明、蘇東坡、林語堂等人，他們的共通點即是看破、看透、看開，這正是我心儀的生活態度。

本章雖然取儒家之說，卻嘗試用道家精神來多方解釋；儒道融通，足以作為絕大多數華人的生活信念。在華人世界，沒有宗教信仰的人比比皆是，但大多數人都有屬於自己的人生信念和價值觀點。它們通常源出儒家教訓，有時摻雜了佛教信仰的說法；我把這些源頭匯集在本書內，賦與道家式的常識之見，希望讓大家耳目一新。

生活的關係

「生活的關係」指向人倫關係，可以分為「五倫」，以推行「五教」，此即「君臣有義、父子有親、夫婦有別、兄弟有序、朋友有信」的道理。

君臣

前面兩章所講的「生活的規範」與「生活的態度」，放在儒家思想的脈絡裡，已然指向「生活的關係」；事實上，儒家最關心的便是人倫關係，這可以分為「五倫」，並順其推行「五教」。「五倫」指的是「君臣、父子、夫婦、兄弟、朋友」，而「五教」則落在傳授「君臣有義、父子有親、夫婦有別、兄弟有序、朋友有信」的道理上面。

自現代回顧，可以想見「五倫」應是古代儒者反思當時人情狀況所歸納的常識之見，淺顯易懂。而其中又以「君臣」及「父子」二倫最為重要，乃有「君君、臣臣；父父、子子」之說；即指「君其君、臣其臣；父其父、子其子」。這也就是說，做國君要有國君的樣子，必須表裡一致、形式與內涵兼顧才夠格；其餘為人臣、為人父、為人子，亦當作如是觀。

如今距離孔子的時代已有兩千五百年之久，許多當時的觀念，現在不能只憑直覺想像便加以接受或否定，最好還是經由對照比較再作出判斷，才會來得恰當。以「君臣」之義來說，從封建到帝制的歷代王朝，在上位者都擁有絕對權威與威權，臣下一旦犯上，就可能有性命不保之虞，這點在現代以前的西方世界也是一樣。可是時代畢竟大不相同了，海峽兩岸的華人社會，分別受到兩股西方思潮影響，實施不同的政治體制，但都得依法行事，不是在位者說了算。

現今地球上還存在著一些由君王治理的國家，雖然少數仍保有著威權，終究不像過去那般絕對。所以我認為當前要討論「君臣」關係，必須先行轉化為「上下」關係才有意義，也才有討論的空間。如今人們多生活在職場中，長官與部屬的上下關係無所不在，有待進一步釐清。

上下關係大多依於組織管理而得以落實，今日的組織管理可以分為公部門、私部門與第三部門等三方面，亦即政治部門的公共事務管理、經濟部門的企業經營管理，以及社會部門的非營利機構管理。

公部門的從業人員大多為公務員，屬於官僚體系的成員，依法行政，不做不錯，過去多予人效率不彰之感。私部門業者由聘雇員工組成，強調組織管理，以利潤業績為導向，多做多獲，有效率的公司就能成功。第三部門以志願者為主力，由無償的服務奉獻中，得到自我實現的成就感，量力而為，有明確宗旨和願景者較能吸收成員。

在這三種組織型態裡，公務人員關心考績，企業員工在乎業績，志工團體則看重回饋。由於三類組織型態的任務各不相同，其文化亦有所紛歧；甚至在同一類型的組織內，因為決策者行事風格的多樣，也形成上下關係的文化差異。

先談公部門的上下關係。我不曾做過公務員，但是當過兵。軍隊組織是最嚴密的公家單位，一個蘿蔔一個坑，一個命令一個動作；這種上下關係是垂直的，井然有序、階級分明。鬆散一點的公務機關，雖不是用命令和紀律來規範，卻仍然是以垂直指揮為主；上面交代，下面辦事，平行者則溝通協調，但是往往受到本位主義牽制。

我近年因為參與殯葬改革，經常跟中央及地方政府相關單位開會，發覺政策要落實還真有不少困難；加以民意代表的關說或扯後腿，簡直是動輒得咎，卻又不得不做，確是公僕難為。尤其在人少事多的情況下，長官不時激勵部屬相當重要。俗稱「帶兵要帶心」，即使是垂直關係，長官對部屬的關懷之情也不可少。否則弄得離心離德，這個長官又怎麼做得下去呢？

私部門由於充滿創造利潤的業績壓力，如果營運與溝通的管道暢通，反倒容易一心一德。在我看過的企業組織中，以直銷業的向心力最強，而獲利甚豐的電子業也不乏齊心協力的誘因。我有一位學長是大企業的董事長，聽說有一年他投資失誤，造成公司重大損失，而他竟然在尾牙晚會上剃光頭，當著全體員工的面下跪罪己；這一招果然感動了大家，為來年衝業務創造了強大動力。

私部門的老闆是董事長，下面從總經理到小伙計都是受雇者，於是上下關係不全然是垂直的，多少有些傾斜；這表示命令不代表一切，協商才顯得重要。此外消費者及潛在客戶更是不得怠慢，尤其是服務業，幾乎完全以人際溝通為服務形式，長官更必須作為部屬的表率，身先士卒，如此上下方能互利共榮。

至於第三部門的非營利機構，其概念由著名管理學者彼得・杜拉克(Peter F. Drucker)在一九九〇年代發揚光大，真諦為強調某些特定機構不應完全以營利為目的。非營利組織需兼具私部門的成本觀念以及公部門的公益精神，最有代表性的即為民營醫院、私立學校、基金會和各種民間社團。

在最理想的情況下，第三部門並無所謂上下關係，成員間多以平行方式相對待。基金會與社團靠大眾捐獻維繫，醫院和學校則由學有所專的人員獨立執業；其中雖有階層之分，但並非從屬關係，更不意味官大學問大。

以大學為例，校長由教授中遴選，任內協調各部門讓校務順利運作，並穩定成長；任滿回歸本職，繼續教學研究。大學體制屬於同僚管理，而非官僚管理；近年強調校園民主，更有學生代表參與校務會議，教職員工加上學生的上下關係，也就變得更為模糊不清了。

父子

現在來談「父子有親」，它理當擴充為「親子」關係，以涵蓋字面上未能充分呈現的女性角色，即包含母親和女兒在內。記得大陸鬧文化大革命時流行一句話：「爹親娘親，不如毛主席親。」在人治時代，這似乎把君臣與父子兩類關係混為一談了。事實上，古代儒家學者的確有意將二者等量齊觀，乃有「君君、臣臣；父父、子子」之說；它不只是說各人要名實相符，更強調君臣關係一如父子關係的密不可分。

儒家思想原本僅是東周春秋戰國時代諸子百家之一，後來百家消長為儒、道、墨、法四大家；至秦代法家當道，漢初則推崇道家黃老治術，到了武帝聽從宰相董仲舒的建議獨尊儒術，從此儒家便一枝獨秀，歷兩千餘年而不衰。

仔細考察，「君君、臣臣；父父、子子」的一體觀念，是為統治者既得利益服務的最佳意識型態，也難怪儒家思想會成為歷代各朝官方哲學達兩千年之久。此套說辭隱藏的用意，乃是彰顯君臣關係一如父子關係，不得逆轉，這可視為最典型的家天下觀念作祟。

父子以血緣親屬聯繫之，關係既清楚又固定，想改也改不了；若把君臣比擬為父子，則框限了臣子不得謀反，否則忤逆無道。君臣關係以忠心堅持，父子關係則以孝道維繫；問題是父子有血脈相連，君臣則無。為保證君臣之間的從屬關係不變，最好的策略運用，便是將它等同於父子關係。

古代帝王以此愚民兩千年，儒家學者有意無意地成為幫兇，成為御用文人；用現在的話講，君臣已形成「共犯結構」。這種「超穩定結構」至主張民主的民國而告終，到社會主義下的人民共和國更是一去不回頭了。

撇開為統治者服務及威權式的父子關係不談，我們來看看親子關係在當前的發展。弔詭的現象是，親子關係在臺灣已走向無以為繼的窘境；倒不是親子不和，而是少子化造成親子不繼。至於大陸的情形則另有危機，因為一胎化的緣故，孩子被寵成小皇子或小公主，如今「孝子」的意涵已倒轉為「孝順孩子」之新解。在這種社會快速變遷的情勢下，親子關係該當如何維持？值得人們深思熟慮。

我有一個同事，夫妻皆為忙碌的上班族，從早忙到晚，只好把小孩送給外公外婆帶，兩三週甚至一個月才去探望一回。結果孩子長到三歲，竟連父母都不願相認，始知事態嚴重。在工商業社會的雙薪家庭，這種隔代撫養的情形大有人在；而如果是太太辭職在家專心帶孩子，十年一覺青春夢，再回首恐怕連職場也回不去了，因為老闆寧雇年輕人也不願請妳。

作為全職家庭主婦或家庭主夫好不好？只要觀念上想得開，也沒有什麼不妥之處。我以前教洋人講華語，一名德國佬跟我相談甚歡，他的太太是在德國執業的臺灣護士，生了兩個小孩，完全交給他帶，而他也甘之如飴。而我太太有個相當能幹的同學，在大型服裝公司當董事長特助，經常飛往大陸出差，結婚後生了小孩，毅然辭職回家相夫教子；當孩子上小學時，她又成為積極的學校志工媽媽，忙得不亦樂乎。

一種米養百樣人，但是既然生了小孩，就應該好好撫養，以善盡胡適筆下所稱「人道的義務」，否則不妨徹底實踐「無後主義」。我和太太便是無後思想的忠實信徒，兩人甚至因為這種信念上的有志一同而結合，如今歷經二十餘載無怨無悔，讓我確定自己隨時可以退休，完全無後顧之憂。

「無後顧之憂」可以得二解：其一為沒有需要被照料的後代而憂心，其二則是不必為後事料理憂心；前者係單身貴族和頂客族的專利，後者則通過事先交代簡化與淨化辦喪事而達成。無論是養生送死皆攸關親情，親子關係即建立在親情的自然流露上。

華人更在古老農業社會的文化生態中，發展出獨特的孝道，以強化父母子女間的親情。經過數千年的生活實踐，孝道如今已內化為華人的基本德行。然而正是因為孝道觀念深入人心，千百年來的喪禮習俗也難以改善。尤其是一些似是而非、積非成是的禮俗，喪家即使有心簡化與淨化，卻在業者一句「不孝」的說法下，大家只好將就著一大串繁文縟節而行禮如儀。

喪禮是古代凶禮之一，《禮記》裡有著繁複的規範，歷代不減反增，許多已不合時宜，守喪便是一例。

古人父母去世，依禮守喪三年，貴為宰相也不得例外，必須立即辭官，否則難以立足。子貢是孔子得意門生，為老師守喪六年，可見師徒感情深厚。不過現今要一個人生活大幅停擺，即使僅只三個月，恐怕都有困難。權宜之計不如全家先守靈一整夜，再辦一場溫馨的告別式；如此既可表達孝思，也算為親人在世間的行誼，劃上一個完美的圓。

至於骨灰去留，與其入塔三、四十年後無人聞問，不如留藏一小罐傳給子孫後代保存，其餘就以拋灑或植樹的方式，作出一次性處理。我一向提倡「輕死重生」、「厚養薄葬」；子女與其為父母辦理隆重的喪禮，不如生前善盡撫養的責任。親子關係乃是代代相連、環環相扣的，「己所不欲，勿施於人」，如果不希望自己老來被棄養，就從現在起善待上下兩代吧！至於政府也有責任讓老有所終，不能任其孤苦無依。

夫婦

「五倫」裡提到「夫婦有別」，這是古代男尊女卑社會、重男輕女思想的餘緒，當今理當改為「夫妻有情」才對。「別」是指社會角色與分工的限制，農業社會「男主外，女主內」似乎為天經地義，但是今天的情況已經大不相同了。女性已有能力並且充分表現出足以撐起半邊天，先生必須更積極體認與肯定做太太的多元角色。

傳統上流行著「男大當婚，女大當嫁」、「不孝有三，無後為大」的教訓，彷彿除了剃度出家外，成家立業、結婚生子為人生唯一選項。問題是不見得人人能夠適應婚姻生活，尤其「女怕嫁錯郎」，一旦遇人不淑，只有等下輩子方能翻身。這些對於生活不利的情況，千百年來也就在吃人的禮教下默默承受了。

夫妻能不能平起平坐、互信互愛？當然可以，只要雙方都產生「意識覺醒」，認清對方的「主體性」。「主體性」強調個人或團體的自主應受到尊重，這種提法近年在臺灣政治圈蔚為熱門，但是政治上的角力，比起個人之間相處複雜得多。

在「主體性」的觀照下，婚姻是兩個人的事，但最好能夠得到兩家人的祝福；而這兩個人都必須是完整的人，並非一半一半。

平常我們聽別人暱稱自己的配偶為「我的另一半」，但當事人雙方千萬莫將此話當真，否則後悔莫及。因為一半代表不完整，好像未婚是人生缺陷。再者這一半究竟是自己的？還是對方的？如果覺得對方是自己的一半，就會想辦法控制；如果相信自己是對方的一半，又會犧牲奉獻。這些迷思亟應打破，恰當的觀念是兩人互為珍愛一生的獨立個體，有點黏又不致太黏，相處起來才會永浴愛河。

不過「永浴愛河」也只是理想的意境，真實的情況往往是愛情褪色、恩情滋長，成為「年少夫妻老來伴」的牽手之交。夫妻相處之道，恐怕屬於人間最平常也最複雜的人倫關係。因為很少有兩個人會像夫妻一般，朝夕相處而過上大半輩子的，相互包容可說是無上學問。

曾見報載一對結褵三十九年的夫婦訴請離婚，原因是先生受不了太太終日「河東獅吼」。其實人處久了很容易出現盲點，更會產生刻板印象和固定的對待模式；當缺乏溝通管道時，久之積鬱爆發，只有分手一途。所以我認為夫妻彼此不能只以情人視之，一旦情淡便成怨偶，這乃是兩極化思考的謬見。

我建議夫妻要學著做朋友，而且要做好朋友。大多數男女都是先友後婚，仔細想想看，你們在做情人之前，是如何交上朋友的？可曾無話不談，快樂分享？如今又為何不能重拾舊歡呢？

現今為民主時代，許多人動不動就嚷著要「走自己的路」，誰也阻攔不了你，也因此離婚的情形屢見不鮮。其實除非是家暴事件下「長痛不如短痛」，否則一般總是「勸合不勸離」，希望雙方「床頭吵架床尾和」。然而民主的前提乃是自制和包容，而非隨興所至地跟著感覺走。換言之，民主自由需要理性先行、感性讓步，否則就容易釀成無法無天的局面。

傳統社會裡家法通國法，家規甚嚴，人人謹守分際；現代家庭最少的只有小倆口，不是如膠似漆，就可能針鋒相對，幾乎沒有緩衝空間。於是不少怨偶「因相愛而結合，因瞭解而分手」。這還是情況好的，糟一點的演成「剪不斷，理還亂」，一方執意分手，一方死纏濫打，弄得雞犬不寧，甚至刀光劍影。早知如此，何必當初？牽過手的人很容易由愛生恨，確是人間難解之謎。

婚姻不全然是終日浪漫的情懷，還包括柴米油鹽醬醋茶開門七件事，以及洗不完的碗盤和髒衣服加臭襪子。選擇走進婚姻生活，夫婦兩人就得開始用心全力呵護維繫這段關係。臺灣有一對老夫老妻結婚了八十六年又四個月，堪稱世界記錄，很難讓人想像他們是如何一路牽手、終身相互扶持走過來的！

男女交往以性欲衝動開始，這點不必諱言；一旦情投意合，從而走上兩情相悅的境地，就包含生理和心理雙重影響。到這個地步還停留在擇偶階段，再發展下去就會選擇互定終生，進一步完成終身大事。婚姻只是有法律保障和限制的兩性關係，要想天長地久，需要志同道合共創家庭，推心置腹維持情誼，如此方能鍾愛一生。

結婚成家看似簡單其實困難，因為兩個來自不同成長背景及過程的男女，從此要將雙方的生活史不斷交織，光是相互適應，就需要極大的包容能耐。像我和太太同床共枕沒有妨礙，問題竟然出現在被窩上。我怕熱，太太怕冷；蓋厚被我吃不消，一度引起太太不快。此事磨合很久始各執一被，各取所需，足見小事也有大學問，「夫婦有情」談何容易！

兄弟

我家三代生男，人丁興旺，論兄弟之情一點也不缺，只是聚少離多而已。嚴格說來，我這代還不能完全算是丁旺，因為聽說我還有一個姐姐，可惜她八歲便夭折了；那時我尚未出生，所以姐妹並未對我構成意義。至於兄弟，依現代少子的情形對照地看，算是挺多的。家中連我共有六個兄弟，我排行老四；三哥大我四歲，在我十一歲時因病去世，其餘都健在，大哥已是七十開外的老人了。

古代詩人寫兄弟之情的作品不少，宋代蘇氏父子三人同為文壇巨擘更傳為佳話。我的兄弟分別住在美國和大陸，一年到頭幾乎碰不著面，要想聚首除非是等到選總統時大家回來投票。

某年我在四川大學講學時，問班上四十多名大學生，居然無一人有兄弟姐妹，看來大陸的一胎化政策執行得相當徹底。只是如此一來，日後不但五倫要少一倫，恐怕連所有旁系血親也會一併消失無蹤，的確相當不可思議。

在現今都市化、國際化甚至全球化的社會裡，個人移動頻繁，連遷徙的機會也相對增加，傳統的大家庭不易維繫，取而代之的則是小型的核心家庭。它由父母子女所組成，人口不超過四個，即使其中有手足之情，一旦成年後各奔西東，也就逐漸淡薄。相形之下，我們每個人在學校裡所結交的同學，反倒可能在社會上一道共事。

尤其是大學中同系同班的同窗同學，不但有機會發展成為班對，更容易形成事業伙伴。事實上，在我們念書那個時代，大學生便流行起建立學長姐和學弟妹的關係，甚至依照學號聯繫成上下一體的家族；如此一來，不但便於照應，也可能在畢業後轉換成長長久久的系友情誼。基於這種傳統，再加上自己經驗體會，我有意提倡將同學關係納入「兄弟」倫來加以綿延維繫。

我在本書〈生活的領略〉那章起始討論「五蘊」時，提到一則故事，追憶大二時因病去世的同班女生；她跟我們三個男生在一年級時組成名為「三又二分之一」的吃午餐小團體，一度在班上引人稱羨。

事情是這樣的：剛入學時有一項困擾，那就是每天中午下課飢腸轆轆，卻見餐廳總是大排長龍，三個從成功嶺下來的小伙子，決定改到福利社吃麵包喝牛奶，以免排隊之苦。不久一名女同學好奇地跟進，她一餐只吃一個麵包，食量是我們的一半，乃結伴以「三又二分之一」相稱。由於名氣不脛而走，下學期改選幹部，她在眾望所歸下當上班代表，三名跟班的也各擁一官半職以為民服務。

然而世事無常，大二後「二分之一」在外系找到另一半，恩愛一年，她卻於暑假時驟逝。為緬懷好友，我們出版了一本紀念文集，列入班刊發行，並印贈給全系師生。後來幾個喜歡舞文弄墨的同學加入藝文社團，分別成為校刊和校報的編輯，也展開了日後的文化事業，其中有人因此當上正式記者。

至於小團體的遺缺，則另補上三條好漢，組成「我們六個」兄弟會，開啟了多采多姿的另一章。「我們六個」屬於同學關係，卻以「兄弟」相稱；日後因為其中有人結交女友，為避免破局，乃決定有容乃大，不分性別，將志同道合者吸納入伙。結果在畢業時，這個兄弟會已擴充至二十九人，且近半數為女生。

只因我們一律以「兄弟」稱呼並平等視之，有回外出旅遊，一名女生因無人替她背重負，回家後向母親告狀，她老人家還跑來興師問罪，說我們不懂得憐香惜玉。時至今日，二十九名「兄弟」早已分道揚鑣，但事實證明將同學視為兄弟的確可行，而這份情誼相信也會常留在我們心中。

時下亦有以「道上兄弟」來形容黑道人物，或許是因為加入幫派需要通過結拜儀式；不過結拜者並無必要混跡江湖，古代的「桃園三結義」不就是英烈千秋嗎？而從忠孝節義的標準看，江湖人物也不乏通曉民族大義者，像明末清初打著「反清復明」旗幟作為號召的革命隊伍；至於民國人物如孫中山與蔣介石等，亦多具洪門與青幫背景，卻也為其提供了革命、北伐、抗戰等歷史進程的動力與助力，由此可見「兄弟」倫的潛能無限。

不過現階段我還是想極力提倡將同學關係納入「兄弟」之倫，使其內涵更形豐富，也更有開創空間。同學其實是「朋友」的原意，《論語》有「獨學而無友，則孤陋而寡聞」、「以文會友，以友輔仁」之語，似乎對「朋友」倫賦與相當高的要求。以下我們就來討論交友之道。

朋友

「朋友」在古代主要指同學，亦即一起學習成長的伙伴；如今則涵蓋甚廣，從點頭泛泛之交，到生死與共之交皆屬之。事實上，除了上下、親子、夫婦、手足、同窗之外的持續性人際往還，大多可以用「朋友」概括之。正是因為它的範圍太大，以致雙方可能會出現認知落差。一方對另一方有較高的期待，對方卻無意配合，就會讓期待的一方覺得對方不夠朋友，僅有的一絲友情也到此告終。

但仔細想想，我們一生遇人無數，能夠講上話、交上朋友的人還是有限，理當珍惜這些情緣。為了讓有意無意建立起來的友誼得以為繼，並且能夠長長久久，我建議大家用點心思去考察可以想得到的朋友，然後加以分類，給他們一些親疏之別；認為較親的可以深交，感到疏離的就讓它淡如水吧！

什麼是朋友？朋友是你偶爾會想起他，遇見了很高興，許久不見卻不至於太難過的那種人。相形之下，愛情和友情便大異其趣。美國有位心理學家，曾經製作了一份簡單的量表，只有十幾道問題，卻足以測出男女雙方的感情，究竟是喜歡還是愛。我們愛上一個人，絕不希望別人也愛他或她；然而當我們喜歡或欣賞一個人，卻不介意其他人的反應。

換言之，愛情具備佔有性，友情則無。相愛的人可能「一日不見，如隔三秋」，卻也會出現「日久情疏」的情況。總之，它會盪在心情感受的兩個極端，而朋友的交情卻相對顯得中庸。依此看來，愛人若能同時做朋友，關係或者會更好。但也許並不盡然，因為相愛容易介意嘔氣，相交反而不會計較什麼；這麼說，友情與愛情似乎又不太相容。不過現在主要在談友情，愛情就暫時擱在一邊吧！

我認為朋友至少可以分為三大類：上品、中品、下品；上品心心相印，中品彼此互補，下品兩不互斥，此外即不夠朋友了。先說下品者，這種朋友最多，在職場上會認識不少，但是可能來得快、去得也快。我們常聽到的「人在人情在」、「人情如行船，船過水無痕」，大抵就指這種友情。

記得我年輕時有三年在社會上做白領階級，由於我的身分為雜誌記者，必須拿著名片主動與人結交，因此還真的廣結善緣，經常和別人吃吃喝喝，而同事之間更是閒話沒停、八卦不斷。那一陣子跟辦公室裡的人尤其熱絡，晚上一道出去鬼混，放假還通電話瞎扯。可是當我離職後，彼此幾乎立刻疏遠，至今偶爾還有聯繫的，大概只剩下一個。

當時為什麼熱絡？因為朝夕相處，加上沒有太多利害衝突，也不會看不順眼，就在不互斥的情況下隨緣交往了；一旦時空流轉，自然煙消雲散。那麼何種朋友能夠讓我們惜緣而珍重這份交情？至少要有互補的可能，也就是相互欣賞，在別人身上看見自己所沒有的長處，願意盡量接近或聯繫而感到親切的好友。這類朋友我們無論走到天涯海角，都會主動保持聯絡。

如今資訊科技發達，打網路電話相當省錢，我就經常利用這道方便，打電話給遠方的朋友。有時候一打開話匣子便相談甚歡，其實碰面的機會卻寥寥可數。通常我們會記得住的好朋友，多半是這種相互欣賞而互補的類型。如果覺得朋友少得可憐，不妨加把勁，主動從一些不互斥的泛泛之交中，仔細過濾一二，讓友情升級，天長地久，豈不也是一大樂事？

對於交朋友，尤其是交好朋友，的確是應該「取法乎上，得之其中」。也就是把標準訂得高一點，為尋覓知音而打著燈籠到處找；雖然不見得真找得著，或許遇上幾個可以深交的朋友也說不定。

真正的知己是可遇而不可求的。什麼是知交？就是心心相印，「心有靈犀一點通」那種朋友，你心裡想什麼，不說出來他都明白。若要達到這種境界，套句俗話說，兩個人的「頻率」必須相同。因此光是互補還不夠，需要有相當的默契而產生同調才行。

在我的印象裡，自己似乎不曾有過這類朋友；但是因為我不斷在反躬自省，也許我唯一的知己便是自己。當然每個人都有盲點，我也不例外，而「當局者迷，旁觀者清」更有可能。想做自己的好朋友，就要學得「退一步想」，也就是跳脫出自身的框框，進行自我批判。

自我批判需要自知之明，年歲日長，我確實越來越明白，不過卻有可能衝過了頭，變成固執己見。年輕時我相當自卑，信心不足，不敢在別人面前發表意見，甚至有意迴避別人的目光。還記得大學時代跟著同學瞎起鬨，上臺粉墨登場，在話劇中演一個露臉三分鐘、只有七句臺詞的小角色，但是對話的卻是美艷動人的女主角。排演時我努力背出臺詞，卻不敢正視她，害得她一陣嬌嗔：「你看著我嘛！」這句話至今仍回味不斷、餘韻猶存。

生活的開展

我主張推陳出新，實踐「五目」：「修身、齊家、合群、治國、入世」；「合群」指「關懷社會、服務社區」，「入世」則通過「擁抱全球、走入世界」以「平天下」。

修身

生活如何開展？每個人對此可能都有自己的看法與見解，我則嘗試把《四書．大學》中的「三綱八目」加以引申。「三綱八目」指的三種綱領——「明明德、親民、止於至善」的人生進程，以及八項條目——「格物、致知、誠意、正心、修身、齊家、治國、平天下」的生涯發展。「八目」其實次第體現了「三綱」，但是放在現今世界裡來運作，我主張推陳出新，實踐「五目」：「修身、齊家、合群、治國、入世」。

在我看來，「格物、致知；誠意、正心」皆指向「修身」的工夫；而在「齊家」與「治國」之間，可以納入「關懷社會、服務社區」的「合群」一目；至於「平天下」實等於「擁抱全球、走入世界」的「入世」。這些僅是我的常識之見，但我相信不無道理，願說給大家指教。

個體身心是人的基本單位，不能再加以拆解，也無法與他人合併；即使是連體嬰或雙胞胎，也各有自由意志。基於此前提，我主張「生活的開展」由「修身」講起。修己之身是為安身立命，在現代人的生活中，不外「為學」與「做人」二端。我們自幼要接受義務教育，高中以上則自由選擇；但是如今幾乎人人皆有機會上大學，而在進入「知識社會」後，每個人似乎都不得不終身學習，否則很容易被淘汰。

由此可見，「為學」當終身行之，而好好「做人」的道理，也彷彿是如影隨形的耳提面命，要我們戒慎恐懼、謹言慎行。「為學」之道如何？不外「格物」與「致知」；「做人」之道又如何？儒家教大家要「誠意」、「正心」。所以我說「格物、致知；誠意、正心」乃「修身」的具體內容及實踐工夫，而非線性的次第呈現。

為學與做人可以用《中庸》裡的一段話，予以彰顯並發揚光大：「君子尊德性而道問學，致廣大而盡精微，極高明而道中庸。」這不等於生活的全部嗎？所以我主張拿為學與做人作為「修身」的根本，因為這與我們的生活經驗相吻合，可以充分涵蓋，不必再另行探問了。

既然以「格物、致知；誠意、正心」的內容為「修身」工夫，該當如何著手？其實當前的教育體制，已將其分別納入「五育」中施展，並且強調要並重且不可偏廢。「五育」中應以「體育」為核心，「群育」為外圍，「智育、德育、美育」分別創發「真、善、美」的人生境界。

談到「修身」，身體最要緊，這點大家卻經常忽視，所以體育運動不可少。群育教人敬業樂群、合群處世，留待後節再發揮。至於西方古典哲學所追求的「真、善、美」，至今仍為教育的宗旨。依常識觀點看，「格物、致知」多指向客觀知識的事理探究，必須實事求是，不能指鹿為馬，睜眼說瞎話。「誠意、正心」則反映主觀意見的價值判斷，難免會出現立場迴異、見仁見智的局面。這些乃是現實生活裡的常態，沒有什麼好意外的。

學生和老師都明白，考起試來，數學和自然科學有標準答案，不能瞎矇；其他人文社會科學的科目，只要寫字就可能得分，因為其中自有發揮空間。這表示人們對「事實」多有共識，對「價值」卻出現紛歧。不過一件事到底屬於事實認定還是價值判斷，本身仍需要先行判斷確認，此乃事實的「價值載負」。

就字面上看，「格物以致知」似乎很接近科學性的觀察事理，形成知識。不過諸事萬物皆非亙古常存、一成不變的，而是有「生、住、異、滅」或「成、住、壞、空」等消長歷程，甚至從量變到質變。科學家告訴我們，任何物體都由一或多種化學元素組成；古印度的「四大」、古希臘的「四原質」、中國的「五行」，都可視為素樸的元素觀。

元素會呈現穩定或不穩定狀態，有的可能百萬年不生變，有的幾乎百萬分之一秒便轉型，事物的「常」與「無常」各依其性。人有肉身，同樣由物質及元素組成，在演化機制下成為高等生物，會作思考與表達。人類的心智作用與身體之間的微妙關係，科學家還在努力解讀，這大概是「格物」中最深奧難解的問題，如今交給神經科學、認知科學家去操心。

就儒家傳統而言，「意誠而後心正」比較接近「修身」工夫的要求。「誠」

意謂表裡合一、知行合一，相對於誠心誠意，便是虛情假意。「誠於中，形於外」，一個人有誠意、心術純正無邪，或是心術不正、缺乏誠信，難免會流露出來，只要仔細察顏觀色，多少都可以看得見。

心理學家要我們多注意別人的眼神和肢體語言，因為「眼睛會說話」，而身體也會反映「下意識」的動作，這些都足以看出一個人是否「誠意、正心」，也代表他的「修身」做人工夫是否到家。

懂得為學不見得會做人，有些學者聰明過人卻剛愎自用，結果誤人誤己。在我任教職多年的經驗裡，的確發現有些會念書的人，不見得能把書教好，更不一定勝任行政職務。如何通過對部屬「修身」工夫的考察，從而知人善用，乃是考驗領導者能力的重要指標，不能不慎。

齊家

「修身」的工夫重於律己，從「齊家」以下就多半落在待人與處世方面了。華人社會自古便是「家」的意義大於個人，甚至於到今天還是如此，例如結婚並不完全是兩個人的事，更在於兩家人的認可。

小倆口得到祝福或詛咒，完全看雙方家長而定，這在崇尚個人自由的西方世界，並沒有決定性的影響力。著名華裔美國人類學者許烺光便歸納出，美國的人際關係主軸為夫妻，中國人則在於父子。夫妻為橫向關係，父子係縱向關係；前者重溝通，後者則容易流於控制。

我們一向講究孝道，這在華人社會行得通，到了洋人的世界就不一定了。我曾聽過一位女學者提到，她在美國留學時結婚生子，就把自己的母親接過去，打算讓她照顧外孫。臨盆時全家都在產房外焦急等候，待順利生產後，護士出來報喜訊，並請一名家屬入內探視；這時母親搶著要進去，卻被護士攔住，認為探望產婦和新生兒的權利，應該讓給剛做爸爸的先生。

由這一幕便可以看出，人家的「齊家」只及於上下兩代，我們卻包含許多「外人」。社會學家將這兩類家庭，分別稱為「核心家庭」與「擴大家庭」，也就是在臺灣常聽說的「小家庭」和「大家庭」。華人社會過去是家族主義，如今則縮小至家庭主義；至於個人主義雖然也有其揮灑的空間，然而一旦碰到上學、結婚、生子這類終身大事，恐怕就要身不由己了，因為涉及華人文化中特有的孝道。

行為社會科學學者從文化生態學的視角考察，認為華人的孝道是在古早時期，從漁獵放牧演進到農業生產時，所發展出來的特定行為模式。由於捕魚打獵甚至放牧的男人經常多日在外，家中大小事悉由女人打理作主，一群女人及媽媽便形成了母系社會。

以農耕為主的社會則大不相同，男人「日出而作，日落而息」，田畝就在自家附近，早出晚歸，家中大小事遂逐漸由男人掌控。加上下田工作生產莊稼的粗活兒，必須由男性挑起，因此父與子為主要生產者所形成的父系社會於焉出現；而農事分配通常依長者決定，更衍生出維護威權的孝道順從觀念。

孝順原本只屬於儒家的道德教訓，但是當儒家變成統治者的意識型態，讓君臣與父子兩種關係相輔相成，不斷激盪，忠與孝便成為華人社會的普遍價值。然而放眼看今日世界，其他各民族及國家皆未提倡孝道，卻無損於親子關係的維繫。

由於孝道已經全然內化於華人生活之中，科學家的說法並不足以動搖它的地位，只不過還其本來面目而已。由其可能緣起的分析，加上對照於其他民族的現象來看，過去維繫「齊家」的親子間孝道，其實並非天經地義的德性，而是一時一地的產物。

時過境遷，如今兩岸華人已經走在現代與後現代前後擺盪的道路上，不管過的是資本主義還是社會主義的生活，幾乎擺脫不掉西方思想與文化的影響。資本主義社會看重個體自律，所以推展民主；社會主義社會強調集體利益，因此實行專政。但即使是集體主義，亦非家族主義或家庭主義。

在「齊家」的層次上，我主張將華人的垂直「父子軸」，向西方的平行「夫妻軸」傾斜，然後把民主和專政的精神，一道融入家庭事務的決策之中，讓一個個小家庭得以順利運作。

農業社會以田地凝聚起大家族，這種情形到了工商業社會已被逐漸打破。臺灣地狹人稠，經濟發展使得城鄉差距不大，但是年輕人口外移至城市中謀生的情形卻十分明顯；因此鄉村以老人居多，下一代則外出打拼，逢年過節才得以團聚。如今全臺已形成幾個大型都會區，都市裡寸土寸金，一般住房僅容得下兩代三、四口人，實不足以包含祖父母輩，因此時下大部分皆為核心家庭。

用常識之見去看待父母子女一家四口下，標準核心家庭的「齊家」之道，我認為最理想的相處狀態，乃是「Z」字形的關係；亦即夫妻及手足之間各自平行對待，而上下兩代則以傾斜而非垂直的方式交流溝通。至於前面所提及民主又專政的家事決策，則表示經由全家公開討論，但由父母作出最後決定。「專政」的原始意義即為「獨裁」，這是上下垂直關係的威權表現；如今已容許傾斜式的對話，讓子女有表達心聲的機會，但仍必須保持孝道的「無違」精神。

華人子女畢竟不能像洋人小孩那般，在家中沒大沒小，這是民族文化脈絡使然。何況孩子總有一天會長大成人、為人父母，得到類似「多年媳婦熬成婆」的應有權利和尊重。總之，「齊家」首重親子關係的維繫與家庭的順利運作；當孩子遠行求學或長大自己成家立業，夫妻兩人如何轉化「空巢」為「愛巢」，則是「齊家」的後續任務。

合群

截斷眾流自「修身」講起，並在「齊家」與「治國」之間加入「合群」一目，以及將「平天下」轉化為「入世」之說，乃是我的發明。但這些並非特殊創意，只是希望提供現代華人生活開展，更合乎實際的次第進路。「合群」指的是關懷社會與服務社區。「社會」二字許多人琅琅上口，但是西方意義下的「社會」概念則是近代產物，出現於十六世紀，指涉諸如受到經濟或宗教生活所凝聚的群體。

倘若「文化」泛指一個民族的各種生活方式，則「社會」便代表依不同生活方式群聚的人。社會可能隱而不顯，也可能無所不在；民主社會相當鬆散，集權社會卻影響及所有成員。研究社會現象的社會學，到了十九世紀之初，始由哲學家孔德（Auguste Comte）所創立；而翻譯西書引進社會學及「社會」的概念來中國，則是遲至十九、二十世紀之交的事情了。

中國傳統上也有「社會」之說，不過與西方觀點無甚關聯；若然也只是用古老的「社會」二字，去表示西方的新興概念。

「社會」之說自宋代便已出現，「社」指土地神廟，「會」指群聚；在神廟前聚集看熱鬧就稱「社會」。事實上，社會學最初被引進中國時，其漢譯即是「群學」；我所建議增加新的「合群」一目，以彰顯關懷社會及服務社區的宗旨，便由此而來。

美國學界特別將心理學、社會學、人類學列為「行為科學」，以凸顯三者分別探討個體行為、群體行為、民族行為的特性。「群學」關注於社會群體現象，而我們這群生活於現代社會的華人，在生活實踐與開展中，不可能個個在「齊家」安頓後，便一步跳到「治國」層次；多納入一個「合群」階段方稱合理，而「治國、平天下」的大事，也不見得人人直接參與。

現代人在一個主流社會中各司其職，與其空想「治國、平天下」而發發牢騷，不如腳踏實地關懷貢獻於自己身處其中的社會，或者參與服務於自己居住的社區以及加入的社團。「社區」概念也來自西方，它的另外一種譯法為「共同體」。前者多指最小的生活圈，大陸稱作「小區」，也就是住家一帶，因此還包括有地理空間意涵；後者泛指因職業或興趣所組成的組織及社團，例如我所服務的學校和參加的學會，都屬於某種共同體。

對於有心投入的共同體理當「敬業」，否則不如退出；對於生活於其間的社區應該維持「樂群」，否則會淪為「比鄰若天涯」；至於更廣大的社會整體就需要多予關注；否則將流於自我疏離的邊緣人。我雖然喜歡且習慣於用邊緣性的視角觀點，去分析問題及批判社會，其實正表示我對身處群體的「恨鐵不成鋼」關注心態。

我越發相信自己是一個擇善固執的人，卻經常因為求好心切而矯枉過正，不知權變融通；這點使得我不太「合群」，總想走自己的路。我經常面臨是為老闆賣命還是為自己打拼的生涯抉擇，當然最好能夠二者兼顧甚至合一；但是倘若無法得兼，在年齡和事業的考量下，我想還是會選擇走自己的路。因為我認為「合群」最理想的狀況乃是貢獻所長，而非總是為人作嫁。

我不太欣賞「犧牲小我，完成大我」這句話，而主張一個人應該努力去追求「完成小我，實現大我」的機會；也就是把個體生涯的理想，跟群體組織的目標搭配開展。年輕人初踏社會，找到的是不斷換來換去的「工作」；但是終究會停在一個職務上謀生糊口，這便是「職業」；穩定的職業幹久了，不免予人「如食雞肋，食之無味，棄之可惜」的感覺，除非進行改革創新，將其提昇至可以為之奉獻的「事業」，否則將無以為繼。

人生苦短，必須仔細盤算有什麼是值得我真正參與「合群」的事業？我相信「合群」的境界不應該是「人在江湖，身不由己」，最理想當為「海闊天空，捨我其誰」。我認為現實生活開展中，「合群」一項所要求的「敬業樂群」，絕非空洞口號下的自我麻醉，而是存在抉擇後的躬行實踐。一種米養百樣人，我承認自己身為大學教授，有較多機會自求多福；而浮沉於職場中眾多「人在江湖」的朋友，只能做到明哲保身。但我還是建議大家

「取法乎上，得之其中」，如此方有可能自我實現。

我從事生死學的教學與研究十餘年，很不喜歡光扯些哲學宗教之類的空談議論，而想盡量跟實務結合。與「生死」攸關的實務可分為教育、輔導、醫護、殯葬四大區塊，其中醫護的專業化程度最高，常以為只有他們才懂得也才有資格談生論死，如此心態當然難以對話。輔導諮商為助人事業，面對生死大事，好談悲傷輔導與自殺防治，亦非我所長。教育是我目前的本行，但同行所推廣的中產階級溫情主義式生命教育，常令我渾身不自在，因此敬而遠之。

唯有殯葬業者看似粗鄙其實細膩，看似邪門其實誠懇，看似流俗其實敬業；對之施以專業與通識教育，比起跟那些高高在上或自以為是的學者專家溝通有趣及實在多了。這正是我為什麼跟殯葬業「合群」的理由，因為他們所做的事情，對整個社會而言太重要了。怕死的人對此聞之色變，才真的令人嗤之以鼻。

治國

最後兩節來談談如何將古人的「治國、平天下」理想，有效地施展於今日。人既無逃於天地之間，理當學會如何頂天立地。雖然我只是全球六十七億人口中的一員，可謂滄海之一粟；但是天若塌下來，還是得自己頂住，不能寄望別人。身為現代華人，一想到凡我族類竟然佔去地球人口五分之一，就不禁感到與有榮焉。

華人不全然是中國人，至少生活在馬來西亞、新加坡，甚至於其他各國的華人，只要他們擁有在地國籍，就統統都不是中國人。但是香港、澳門兩個舊日西方殖民地的子民，如今則完全回歸為中國人。臺灣有半個世紀淪為日本人統治，後來仍然回到中國人之手；如今又過了一甲子，對我而言，一旦看見及聽到一些「去中國」的動作和言說，就認為相當值得用心反思，並且尋找出困之路。

古時候「治國、平天下」的意義，跟現在有天壤之別。那個時代的「天下」僅指東周共主統轄之下，而「國」則屬諸侯領地。如今的「國家」則包括俄羅斯、美國等擁有廣大領土及實力者，以及一些海島型的蕞爾小國；至於涉及「天下」大事者，則非聯合國莫屬，而美國也經常參一腳。

近年「全球暖化」問題舉世矚目，有回諾貝爾和平獎頒給為此積極奔走的美國前副總統高爾 (Al Gore)，以及聯合國旗下一個推動全球環保工作的組織；由此可見此乃所有希望「治國、平天下」的人，必須正視並加以解決的迫切問題。

落到現實生活當中呢？臺灣只要經歷一場水災，便使得蕃茄漲到百元一斤；大陸則調兵在二〇〇八北京奧運開幕那個晚上，用火炮射擊的方式，強迫頭頂的天公一定要作美。無論是天災或戡天，如今都成了舉國矚目的大事，必須通過「治國」來加以改善。

中國共產黨以黨治國，每五年召開一次黨代表大會，以訂定治國方針。中共係擁有七千三百多萬黨員的執政黨，統治十三餘億的人口，國事千頭萬緒，為避免治絲而棼，必須充分進行策略思考。中國領導人近來提出「科學發展觀」，用以「構建和諧社會」；至於對臺方針，則由「促統」轉為「防獨」，也就是防止臺灣獨立。

身為現代華人，無論我們生活在兩岸四地哪一個角落，如今能夠大談「治國」理念並付諸實現的，似乎只有兩岸領導人。我方手上有一塊「中華民國」的招牌，卻也是大陸的禁忌。面對此情此景，對我而言，「治國」實不知從何說起。

這時我突然想起了「明成皇后」。我對韓劇沒多大興趣，這齣連續劇卻幾乎從頭看到尾，甚至還買書來考據一番；理由正是朝鮮當時跟臺灣為命運共同體，現今卻是命運大不同。明成原本只是十九世紀末葉，朝鮮國君的王妃；那時的朝鮮乃是中國的屬國，然而當政的李朝卻比滿清還長祚，一共歷經近七百年，橫跨宋、元、明、清四代。及至甲午戰爭清廷戰敗，把朝鮮跟臺灣一併割讓給日本，兩地便開始為自己的「主體性」找活路。

朝鮮成為日本殖民地後，國君首先被日本野心政客慫恿而稱帝，成立

「大韓帝國」，明成也名正言順當上皇后。但由於她始終討厭日本人，旋被日人殺害。而「大韓帝國」也跟後來「滿洲國」的遭遇一樣，淪為由傀儡皇帝擺門面，後來更真正地亡國長達三十六年，至二戰後始光復，並建立「大韓民國」。

可惜好景不常，韓國獨立後不久又爆發韓戰。美國代表資本主義國家出馬，跟以蘇聯與中共為首的社會主義國家打了三年仗，未見成敗，卻平白損失不少人命，且硬生生讓韓國分裂，劃北緯三十八度線為界。半個多世紀過去了，兩韓依舊緊張，但是韓國大統領卻積極跨過三十八度線，去到對面拜訪北朝鮮領導人，以促進兩韓統一的作業，雙方也都有「促統」的誠意。

如今世上分裂國家沒有幾個，南北韓的努力令舉世矚目；反觀臺灣與大陸，仍處在某種張力中。「治國」之道對於我們小老百姓而言，不過是一人一票選賢與能的公民權利。當前統獨問題雖然暫時擱置，但誰都知道這並非長久之計，或許下次大選又會成為攻防焦點。有朝一日把獨派逼急了，說不定劃濁水溪宣布獨立也說不定。

這雖然是個笑話，卻真的曾經在地中海東邊的賽普路斯島上發生過。因為島上住有土耳其與希臘兩種族裔，語言和宗教皆不相同，很容易起衝突。一日土裔在土耳其大軍撐腰下，一舉裂國宣布獨立，後來還是靠聯合國調停才收斂。雖說當今世上真正分裂的國家不多，但面臨危機的國家卻不少；比利時一度告急，印度、菲律賓、西班牙的動亂猶在，倒是加拿大的作法值得兩岸認真考慮。

由於加拿大法裔地區長期鬧獨立運動，全民公投甚至還差點過關，加國總理從長遠考慮其半獨立的可能，乃稱未來可能存在「國中之國」。目前世上確有國中之國，車臣之於俄羅斯便屬其一。我在大陸上看見城市分為三級：中央直轄市、省屬的地級市，以及市屬的縣級市；臺灣也分直轄市、省轄市、縣轄市三級。依此觀之，讓主權國家經由和平談判而轉化擴充，納入較為鬆散的邦聯，分級而治，似乎是值得兩岸領導人認真考慮的作法。

入世

以今日介入國際事務的執行能力來說，擁有維和部隊的聯合國，的確為一次世界大戰後成立的空殼組織「國際聯盟」所望塵莫及；而今天要說具有「平天下」資格者，也非聯合國莫屬。加入聯合國以分擔國際責任和義務，並享受國際合作所帶來的益處，無疑是一項好的盤算。我稱這樣的努力為「入世」，也就是加入世界性、全球性的國際組織，成為國際社會的一員。

臺灣與大陸同為「世界貿易組織」和「亞洲太平洋經濟合作會議」的成員，但是大陸卻處處想矮化並打壓臺灣，以致傷害到臺灣人民的感情，這點相當不智。目前臺灣在國際上較無爭議的正式頭銜名稱為「中華臺北」，大陸卻老想動手腳換成「中國臺北」。在兩岸積極尋求對話的時機中，希望我們能夠維持「中華臺北」的身分，這也是目前「入世」的唯一管道。

若是考量地理稱謂，我承認自己是「臺灣人」；若是強調文化認同，我說自己是「華人」；至於我們這一代；則從小被教導作為「中國人」。老實說，我在個人與家族的情感聯繫上，始終認為自己是在臺灣的中國人，而不去討論民國或人民共和國的主權問題。看看兩韓逐漸走向攜手合作，兩岸卻顯得互信程度不足。其實要想貢獻於天下的「入世」，多培養像李遠哲、李安、王建民這樣的國際人才，也許更容易被別人看見。與其老在原地踏步，倒不如朝其他方面努力，多為全球貢獻心力來得實在。

臺灣什麼最強？打電玩、製造自行車，過去還有一〇一大樓，均屬世界第一。在各行各業激烈競爭的情況下，我們唯有一步一腳印地不斷努力改善現狀。我經常講，臺灣最大的反對黨為中國共產黨；如今中共以「反獨」取代「促統」，我們正可以藉此多爭取一些出頭曝光的空間。

用「中華臺北」的招牌雖然不盡理想，但好處是不容易引起無謂爭議和招致對方打壓。國旗與國號我們儘管留在國內使用，走出去就採取大家都能接受的稱呼和旗幟，以避免橫生枝節。重點在於實際表現，就像參加奧運賽，我們究竟想拿獎牌，令全球刮目相看？還是為維護主權而故步自封，讓所有人都看不見我們？究竟哪一種選擇更能夠「入世」，有待大家思索。

不過回過頭來設身處地想，挺綠人士又何嘗沒有理想與信念？放眼看天下，以反對者身分蹲過大牢的南非曼德拉、波蘭華勒沙和南韓金大中，後來都熬成了總統，並且得到諾貝爾和平獎；只差一步未及建國的鬥士，還包括巴勒斯坦的阿拉法特，但諾貝爾獎並沒有忘記他。臺灣也曾經期待李登輝或施明德榮膺此一國際桂冠，以效法緬甸的翁山蘇姬和流亡的達賴喇嘛。

但我認為和平獎既然曾經頒給德蕾莎修女，那麼證嚴上人也不乏出線機會；事實上這位慈悲為懷的法師，的確曾經多次獲得提名。究竟要在政治上充作烈士，還是在人道上廣澤濟世？臺灣是一個連左派團體都難以生存的資產階級社會，根本不具有革命的理想和情操；若想以獨立建國的目標「入世」以爭取國際同情，倒不如讓慈濟人全球走透透來得有效。

大陸近年正以大國「和平崛起」之姿，積極涉入國際政局事務；也以其強大的經濟發展態勢，令全球各國皆另眼相待，而在世界舞臺上舉足輕重。臺灣呢？想學東帝汶脫離印尼統治而獨立；他們成功了，卻也立即淪為世界上最貧窮及動亂的國家之一，必須靠友邦扶持援助。

臺灣的經濟實力尚不差，但是老跟大陸比「金援外交」，到頭來只有吃下眼前虧的份兒。反共雖然是我們的國策，一大堆臺商在大陸謀生也是事實；臺灣根本沒有必要因為反共，而買一些貪腐或流氓國家的帳。暫時擱下政治角力，在其他方面一步一腳印地走出自己「入世」的路，才是務實的作法。

平心而論，一個政權要想以獨立的姿態站上世界舞臺，必須與其母國有重大的種族及宗教等文化紛歧，並且遭受不人道的迫害，方能博得世人同情。像過去伊拉克對北方的庫德族，俄羅斯對車臣人民的鎮壓，以及前南斯拉夫分裂後的種族屠殺等，這些長期的對立與不利的因素，臺灣都不具備。

臺灣跟大陸同文同種，只因為一些歷史原因而鬧獨立，除非美國撐腰，否則一切只是緣木求魚，不切實際。作為生活在臺灣的現代華人，最務實的生活開展，便是在「一中各表」的前提下，暫時將政治對立擱置存而不論，全力發展經濟、提昇文化，讓時間引領我們走向水到渠成的「入世」途徑。

把「入世」當作生活開展的最終階段，是希望大家瞭解人既然無逃於天地之間，就應該學會如何頂天立地的道理。這種問題無法抽離時空脈絡去談，必須放在現實情境中考量。雖然人各有志，但身處其間，又形成命運共同體；從「修身」一路展延到「入世」，不啻從常識到智慧的考驗。

行文至此已接近尾聲，回顧四十則小品，可謂表白了我對於生活所見所聞的常識性評價，目的則希望激發讀者朋友的智慧火花，進一步改善生活。

以「入世」的眼光觀察，當今世上有多達二十億人，生活在沒有像樣廁所順利方便的處境中，我們是否應該認真想想，如何對前人感恩、對此生惜福、對後代積德呢？這或許可以視為我的「三世觀」。

推薦閱讀

【LIFE系列】

幸福易開罐

易聖華／著

你快樂嗎？
現代人物質生活越來越富足，為何幸福感越來越低落？
為什麼事業成功的人卻覺得自己不幸福？
你，為自己的幸福打幾分？

本書是作者透過對生命、自然的體悟，向俗世生活進行全新的觀照。作者以日常生活中活生生的事例，入情入理的分析，逐步揭開幸福的秘密。作者提出幸福是一種整體不可分割的概念，幸福生活包括四大主幹：情愛、事業、健康、性靈，並娓娓道來四者之間和諧並進，均衡發展的秘訣。深邃的哲思，輕鬆靈動的文學美感，是現代都市男女思想的體操、心靈的雞湯，也是工作生活的指南。

【LIFE系列】

會做人，才能把事做好

王淑俐／著

「人」只有兩撇，寫起來簡單，做起來難！

想成為人氣王？讀完本書，保證打開人際溝通的任督二脈，讓你人際魅力百分百！
想成功領導團隊？將本書當作個人進修的讀物，可以預防及化解工作上不必要的人際紛爭，增進團隊合作！
想要情場得意？與情人分享本書，除了可以讓彼此更瞭解對方，更能使感情加溫！
本書包括四大溝通主題：會做人之必要、溝通技巧實作、職場倫理與溝通、兩性相處與情愛溝通。內容兼具理論基礎及實務經驗，自修、教學兩相宜。讓您一書在手，從此困惑全消、茅塞頓開，化身溝通人氣王。

【LIFE系列】

養出有力量的孩子

王理書／著

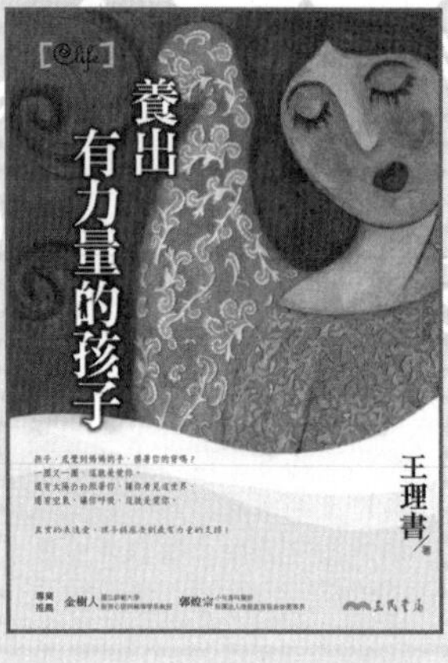

父母之路，也是修行之路。在陪伴孩子成長的歷程裡，
我們與生命更靠近，我們越來越完整而成熟……

有別於一般親職書羅列各種有效管教孩子的技巧與方法，在本書中，作者以長年擔任親職輔導者和身為母親的融合角色，分享縝密整合後的親職理念，以及自身真實發生的親職故事。作者紀錄親職生活中的點點滴滴，親子間的對話有著生命的真實與純粹，讀來令人溫暖、感動、省思與成長。
沒有任何一本書能給父母教養孩子的標準答案。回歸到愛的方式，就是最有力量的教養之道，誠摯地邀請您一同進入這場豐盛的親職之旅！

【世紀文庫　生活001】

老饕漫筆

趙　珩／著

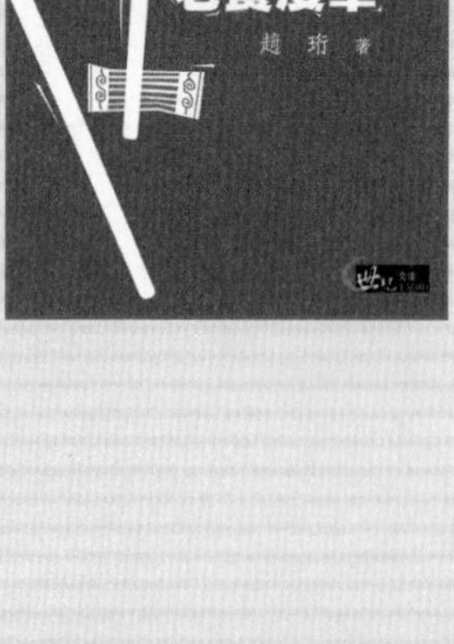

飲食流變，實為文化傳承，
既賴於經濟的發展，更臻於文化的提高。

本書作者自謂是饞人，故自稱為「老饕」。因其特殊的生活環境，所見所聞較同時代的人稍多，他於閒暇中，追憶過往五十年歲月中和飲食有關的點滴，或人物，或時地，或掌故，信手拈來，所傳遞的，不只是一道道佳餚的美好滋味，更多的是對漸漸消逝的文化之戀戀情懷。

【世紀文庫　生活004】

齊向譯道行

金聖華／著

翻譯好比做人，譯道恰似人生，
沿途雖然曲折迂迴，崎嶇不平，
卻也時有百花爭艷、千巖競秀的旖旎風光，
因而使先行者勇往直前，後來者絡繹不絕。

林文月熱情推薦

做為翻譯系的教授，聖華長期在學院內主持「翻譯工作坊」，認真教學，作育英才。除了理論根基，她更重視譯事的實際推敲斟酌，不放過一字一句，舉凡花草色彩、眉目五官，乃至於篇名書名、作品雰圍、文化異同，均予細究。她舉出學生們的優、劣作業，分析所以，更以自身的翻譯經驗，及古今名家的業績提供比對佐證，把譯事的發生，以及不斷的修飾過程，終至於滿足定稿，或雖非十分滿足卻不得不暫時定稿的憂喜告訴了讀者。

【世紀文庫　生活002】

記憶中的收藏

趙　珩／著

一條長長的甬道，通向小園深處……
半個世紀的時間，很難說是一瞬，
其間有多少世事滄桑，
然而小園還是那樣的寧靜……

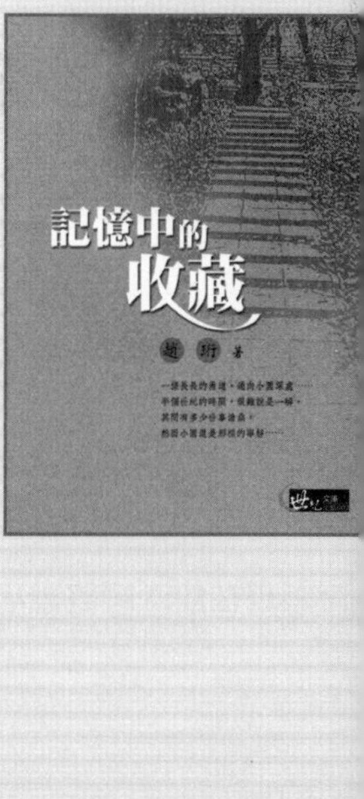

五十年，是人的大半生，卻是歷史的匆匆一瞬。而近五十年來，中國社會經歷巨變，許多傳統事物和文化，如舊唱片、走馬燈、戲劇、郵票、碑帖、春節禮俗……都逐漸從人們的記憶中飄逝。作者採擷過往人生經歷和見聞，以感性的筆觸，娓娓道出收藏於記憶中的人情、事物、風俗。雖說是個人雜憶，卻觸及諸多社會文化現象，再現了五十年間急遽消逝的生活場景。

【世紀文庫　文學014】

京都一年

林文月／著

對於京都，你的第一印象是什麼呢？
是穿著色彩鮮豔和服的藝妓，還是鮮嫩可口的湯豆腐呢？
是熱鬧非凡的祇園祭，還是充滿禪意的枯山水庭園？

「三十年歷久彌新，京都書寫的經典。」本書收錄了作者1970年遊學日本京都十月間所創作的散文作品，自出版即成為國人深入認識京都不可錯過的選擇，迄今仍傳唱不歇。今新版經作者校訂，並增加多幅新照。書中各篇雖早已寫就，於今讀來，那些異國情調所帶來的感動，愈見深沉。如果你對京都的認識，僅止於表面浮泛的東西，這本《京都一年》是你不可錯過的大補帖！

【世紀文庫　文學012】

客路相逢

黃光男／著

你為何想要旅行？
增廣見聞？轉換心境？或者為了讓疲憊的身心獲得休息？
旅途中，你的所見所思是什麼？
什麼樣的人事最能觸動你的心弦？

里爾克 (Rainer Maria Rilke)：「旅行只有一種，即是走入你自己的內在之旅。」本書作者具有畫家和作家兩種身分，他以畫家的心靈寫出他的旅遊見聞和感懷，因此，書裡所呈現的彷彿是一幅幅以沾著詩意的文字所繪成的畫作。畫裡，有美不勝收的自然景觀，有令人動容的公共建設，更有引人深思的文化觀察和省思；是視覺和心靈的遊記。你渴望不一樣的旅行嗎？翻開本書，開始踏上旅程吧。